C
F
d
\-
S
1

Lorenzaccio
(1834)

MUSSET

JOËL DUBOSCLARD
agrégé des lettres

HATIER

SOMMAIRE

- **1. Extrait de l'acte I, scène 1** 3
  LECTURE MÉTHODIQUE
- **2. Extrait de l'acte I, scène 4** 11
  LECTURE MÉTHODIQUE
- **3. Extrait de l'acte II, scène 2** 18
  LECTURE MÉTHODIQUE
- **4. Extrait de l'acte II, scène 4** 25
  LECTURE MÉTHODIQUE
- **5. Extrait de l'acte III, scène 3** 32
  LECTURE MÉTHODIQUE
- **6. Extrait de l'acte III, scène 3** 41
  LECTURE MÉTHODIQUE
- **7. Extrait de l'acte III, scène 6** 50
  COMMENTAIRE COMPOSÉ
- **8. Extrait de l'acte IV, scène 3** 57
  LECTURE MÉTHODIQUE
- **9. Extrait de l'acte IV, scène 11** 65
  COMMENTAIRE COMPOSÉ
- **5. Extrait de l'acte V, scène 6** 71
  LECTURE MÉTHODIQUE

© HATIER, PARIS, SEPTEMBRE 1994   ISSN 0981-8170   ISBN 2-218-**1836-5**

Toute représentation, traduction, adaptation ou reproduction, même partielle, par tous procédés, en tous pays, faite sans autorisation préalable est illicite et exposerait le contre-venant à des poursuites judiciaires. Réf. : *loi du 11 mars 1957, alinéas 2 et 3 de l'article 41*.
Une représentation ou reproduction sans autorisation de l'éditeur ou du Centre Français d'Exploitation du droit de copie (3, rue Hautefeuille, 75006 PARIS) constituerait une contrefaçon sanctionnée par les articles 425 et suivants du Code Pénal.

1 Extrait de l'acte I, scène 1

Un jardin. – Clair de lune; un pavillon dans le fond, un autre sur le devant.

Entrent LE DUC *et* LORENZO, *couverts de leurs manteaux;* GIOMO, *une lanterne à la main.*

LE DUC. – Qu'elle se fasse attendre encore un quart d'heure, et je m'en vais. Il fait un froid de tous les diables.

LORENZO. – Patience, Altesse, patience.

5   LE DUC. – Elle devait sortir de chez sa mère à minuit; il est minuit, et elle ne vient pourtant pas.

LORENZO. – Si elle ne vient pas, dites que je suis un sot, et que la vieille mère est une honnête femme.

LE DUC. – Entrailles du pape ! avec tout cela, je suis
10 volé d'un millier de ducats !

LORENZO. – Nous n'avons avancé que moitié. Je réponds de la petite. Deux grands yeux languissants, cela ne trompe pas. Quoi de plus curieux pour le connaisseur que la débauche à la mamelle ? Voir dans
15 un enfant de quinze ans la rouée à venir; étudier, ensemencer, infiltrer paternellement le filon mystérieux du vice dans un conseil d'ami, dans une caresse au menton; – tout dire et ne rien dire, selon le caractère des parents; – habituer doucement l'imagination qui se
20 développe à donner des corps à ses fantômes, à toucher

ce qui l'effraye, à mépriser ce qui la protège ! Cela va plus vite qu'on ne pense ; le vrai mérite est de frapper juste. Et quel trésor que celle-ci ! tout ce qui peut faire passer une nuit délicieuse à Votre Altesse ! Tant de
25 pudeur ! Une jeune chatte qui veut bien des confitures, mais qui ne veut pas se salir la patte. Proprette comme une Flamande ! La médiocrité bourgeoise en personne. D'ailleurs, fille de bonnes gens, à qui leur peu de fortune n'a pas permis une éducation solide ; point de fond dans
30 les principes, rien qu'un léger vernis ; mais quel flot violent d'un fleuve magnifique sous cette couche de glace fragile qui craque à chaque pas ! Jamais arbuste en fleur n'a promis de fruits plus rares, jamais je n'ai humé dans une atmosphère enfantine plus exquise odeur de
35 courtisanerie.

DUC. – Sacrebleu ! je ne vois pas le signal. Il faut pourtant que j'aille au bal chez Nasi : c'est aujourd'hui qu'il marie sa fille.

GIOMO. – Allons au pavillon, Monseigneur. Puisqu'il
40 ne s'agit que d'emporter une fille qui est à moitié payée, nous pouvons bien taper aux carreaux.

LECTURE MÉTHODIQUE

INTRODUCTION

Au théâtre, la scène initiale, dite d'ouverture, doit à la fois lancer l'action (fonction dramatique[1]) et informer le spectateur sur le statut des personnages et sur leurs motivations (fonction d'exposition).

---

[1]. Dramatique : au sens étymologique, qui concerne l'action de la pièce.

Nous examinerons d'abord comment Musset, conciliant ces deux impératifs, a réalisé cette exposition dramatique. Trois personnages apparaissent: quels sont les rapports, non seulement sociaux, mais psychologiques, qui les unissent ? Voilà une deuxième perspective. Il est enfin évident que tout le passage est dominé par la brillante tirade de Lorenzo, où s'exprime, sous une forme poétique, sa philosophie cynique.

1. UNE EXPOSITION DRAMATIQUE

Une scène d'attente

Le rideau s'ouvre sur une action en cours; trois personnages masculins attendent l'apparition d'un quatrième, désigné ici par « elle ». « Elle », c'est, semble-t-il, une toute jeune fille, comme l'indique le discours de Lorenzo (« un enfant de quinze ans »). On comprend progressivement que le duc de Florence est venu pour brusquer ce que l'habileté de Lorenzo a préparé : la « vieille mère » (l. 8) a déjà reçu « un millier de ducats » (l. 10) (= mille pièces d'or) pour livrer sa fille au duc.

Ce n'est d'ailleurs qu'une avance, puisque la fille n'est qu' « à moitié payée » (l. 40), comme l'observe Giomo. L'enlèvement n'a donc d'autre but que l'économie de mille autres ducats ! Nous apprenons tout cela de biais, au hasard des répliques : Musset a voulu éviter la tirade informative débitée par tel personnage secondaire, comme il peut arriver dans la tragédie classique.

Un enlèvement anti-romantique

Les éléments du décor offrent toutes les apparences, dans un premier temps, de la scène romantique de rendez-vous amoureux : « jardin » et « clair de lune », mentionnés par l'indication scénique, ce pourrait être là le théâtre des amours de Cosette et de Marius dans *Les Misérables*. Et minuit sonne, l'heure des retrouvailles pour les amants romantiques, l'heure si chère à une Emma Bovary !

Mais tout cela ne constitue que le décor, dans tous les sens du terme. La réalité est plus prosaïque : un duc, au langage peu châtié (deux jurons en trois répliques...), furieux à l'idée de perdre son argent, si la fille ne venait pas (« Je suis volé [...] ») ; son ardeur amoureuse est refroidie par la température hivernale (« Il fait un froid [...] »). Rien de noble ni de chevaleresque ne vient racheter, comme il arrive dans le roman sentimental de l'époque, la transgression morale que contient l'acte d'enlèvement. Dans *Lorenzaccio*, Musset montre la dégradation de Florence en ruinant de l'intérieur les schémas habituels de l'idéalisme romantique (*cf.* le dialogue entre Lorenzo et Tebaldeo, ci-dessous, p. 18).

2. LE SYSTÈME DES PERSONNAGES

Le duc, entre Lorenzo et Giomo

Lorenzo, le courtisan, et Giomo, le soudard, sont ici les deux auxiliaires de la quête érotique du duc. Or, tout oppose ces deux personnages : à Giomo, toujours prêt à en découdre pour son maître, l'action ; à Lorenzo, la parole et la persuasion. Lorenzo fait valoir la consommation raffinée et perverse du plaisir (l. 11-35) ; Giomo ne connaît que la possession physique, presque matérielle, d'un être : il s'exprime comme s'il s'agissait de la livraison d'une marchandise (« emporter une fille à moitié payée », l. 40).

Au contraire, Lorenzo, en vantant à l'avance les charmes de la jeune fille, utilise habilement l'attente même pour attiser le désir du duc. On voit aussi qu'il flatte Alexandre en le supposant « connaisseur » (l. 14) en libertinage ; qu'il s'emploie à souligner tout ce qui, dans la future conquête d'Alexandre, signale la timidité, la fragilité féminine : « tant de pudeur » (l. 24), « une jeune chatte », « proprette » (l. 25-26). Lorenzo, là encore, s'attache à flatter le goût de la domination sur les femmes propre à Alexandre, en lui présentant l'image d'une proie naïve et facile.

Ainsi, le duc apparaît aidé dans son projet, mais aussi tiraillé en profondeur entre ces deux auxiliaires. L'un prêche le passage à l'action, l'autre la patience : opposition significative. Au cours de la pièce, Alexandre de Médicis sera partagé entre ceux qui, comme Giomo, lui conseillent de réagir contre l'emprise de Lorenzo, et Lorenzo lui-même, qui enjôle et paralyse le duc par le charme de sa parole.

Le duc : un don Juan dégradé

Avant tout, Alexandre est un être gouverné par ses impulsions successives : comme un homme de la sensation (plaisir d'amour et inconfort de la froidure) ; comme un prince fort peu « princier » (peur mesquine d'être « volé »). Il voudrait passer pour un don Juan, spécialiste en enlèvements et grand blasphémateur (« froid de tous les diables », « entrailles du pape »). Mais don Juan, grand seigneur, n'a pas ce rapport bourgeois à l'argent. Surtout, don Juan est capable de tenir un discours rhétorique qui vante la beauté du libertinage. Or, ce discours, c'est ici Lorenzo qui le tient : comme si le favori voulait y apprendre à son maître ce rôle de don Juan que lui, simple courtisan, ne pourra jamais endosser.

Alexandre et Lorenzo : une étrange complémentarité

En apparence, Lorenzo est tout respect pour le duc : il est son cousin, mais lui donne son titre, « Altesse » (l. 4) et le vouvoie. Il met tout son talent de poète et son intelligence à vanter à Alexandre sa future conquête : il adopte alors le point de vue du « connaisseur » (l. 14), qui aime à « étudier » les progrès de l'amour. Il est clair que ce point de vue n'est nullement celui du duc, qui d'ailleurs ne répond pas à cette tirade. Le courtisan, pourvoyeur des plaisirs du maître, en jouirait mieux que lui. Mais Lorenzo n'a que la parole pour compenser la frustration que lui inflige son statut. Entre les deux personnages existe une étrange complémentarité, grosse de tensions refoulées.

3. LORENZO, POÈTE DE LA CORRUPTION

Une leçon de libertinage cynique

Lorenzo s'exprime du point de vue du connaisseur. Le mode grammatical employé est l'infinitif (« Voir dans un enfant » ; « habituer doucement », etc.) : ce mode, dans sa généralité même, est celui de la leçon, adressée à qui veut bien l'entendre. Le titre de cette leçon pourrait être : « du plaisir de corrompre l'innocence ». Lorenzo suit ici la théorie des « roués » (*cf.* l. 14-21), libertins cyniques du XVIIIe siècle, qui s'appliquent à « étudier » la faiblesse de la femme, et à l' « habituer » peu à peu à l'idée de faute. Il s'agit ici, degré supplémentaire, d'une véritable éducation du vice ; noter le vocabulaire du progrès et de l'éclosion (« voir la rouée à venir » ; « habituer l'imagination qui se développe » ; « fleur qui promet des fruits rares »). Lorenzo est ici l'héritier du Valmont des *Liaisons dangereuses*, et des personnages de Sade qui « éduquent » leur future victime en l'accoutumant à la débauche. Il convient de parler de cynisme, dans la mesure où Lorenzo s'amuse à l'avance de cette faiblesse si prévisible de la jeune innocente : il insiste à plaisir sur sa « pudeur » (l. 24), son côté rangé (« Proprette comme une Flamande », l. 26-27).

Ce cynisme culmine quand Lorenzo évoque l'absence de principes moraux chez la jeune fille, et la suppose donc complaisante à la débauche : elle n'a « rien qu'un léger vernis », mais « point de fond dans les principes » (l. 29-30). Or, la réalité est sans doute différente, puisque l'on a déjà compris que c'est la mère qui a vendu la fille au duc, pour un moment de plaisir. Et il est légitime de supposer qu'elle y a été quasiment forcée par les menaces d'Alexandre, représenté dans la pièce comme la terreur des familles de Florence. D'ailleurs, Lorenzo reconnaît que les parents de la jeune fille sont « de bonnes gens », mais à qui leur « peu de fortune » n'a pas permis de donner « une éducation solide » à leur fille (l. 28-29). Donc la jeune fille n'est pas prédisposée à la débauche, comme le veut cyniquement Lorenzo : le despotisme du duc et la faiblesse des parents l'ont fait tomber dans le cycle de la corruption.

Une tirade séduisante

Qu'elle est spirituelle et aisée, cette apologie de l'amour cynique ! Le style est à l'image de la leçon même : il enjôle le spectateur et lui fait écouter, charmé, ce que sa conscience morale réprouve.

La surabondance d'images s'accompagne d'une grande diversité de registres : registre familier (comparaison avec la chatte, l. 25) ; registre poétique, lyrique même (motif ronsardien de la femme-fleur, l. 32) ; registre de l'épopée[1], dans la grande comparaison avec le fleuve (l. 31). Dans ce dernier exemple, noter l'assonance en [a] et l'allitération en [k] :

> [...] sous cette couche de glace fragile qui craque à chaque pas !

Attachons-nous plus spécialement à la dernière image de la grande tirade de Lorenzo :

> [...] jamais je n'ai humé dans une atmosphère enfantine plus exquise odeur de courtisanerie.

Il s'agit bien d'une image, puisqu'une disposition morale, « la courtisanerie » (= prostitution élégante), est ici traitée en termes d'« odeur exquise », que l'on peut humer comme un parfum. L'image prolonge la métaphore précédente, qui identifiait la jeune fille à un « arbuste en fleur ». Ici, nous remarquons des termes suggérant le raffinement : l'adjectif « exquise » et le verbe « humer » évoquent une approche sensorielle pleine de délicatesse ; et l'adjectif « enfantine » connote l'innocence. Mais le terme « courtisanerie » qui clôt la phrase laisse entendre que Lorenzo est séduit par l'éclosion, au sens floral, de l'esprit de débauche chez une jeune fille encore presque enfant. Nous avons l'expression poétique d'un cynisme, qui consiste à ne considérer, en pur esthète, que le charme ambigu de l'innocence mêlée au vice.

La séduction naît aussi d'un ton général badin, désinvolte, plein d'emphase ironique dans les comparaisons.

---

[1]. Genre poétique, relatant des actions de nature sublime ou héroïque.

Les questions
que le spectateur se pose

Le spectateur ne manque pas de s'interroger sur la vraie personnalité de Lorenzo : ce personnage n'a-t-il pas l'air de porter son cynisme comme un masque, d'entrer trop brillamment dans le rôle du roué, pour flatter les aspirations donjuanesques d'Alexandre ? N'avons-nous pas un jeu, de la part de Lorenzo, qui s'enivre verbalement de la poésie de la débauche ? C'est une première hypothèse. Une seconde hypothèse : l'histoire de la jeune fille pauvre et corrompue, que Lorenzo comprend si bien de l'intérieur, n'est-elle pas un peu la sienne, celle-là même qu'il développera devant Philippe Strozzi, à la scène 3 de l'acte III (*cf.* ci-dessous, p. 41). Si Lorenzo est sans illusion sur la force de la vertu, c'est parce qu'il a été lui-même vertueux, puis corrompu.

■■■■■ CONCLUSION

Cette ouverture apporte deux révélations au spectateur. Elle éclaire d'abord les coulisses du pouvoir : la vie privée du duc est à l'image de Florence, livrée à un prince jouisseur et rustre. La jeune fille vendue est le symbole même de la cité, qui se prostitue aux Médicis.

Deux personnages centraux apparaissent, entre lesquels on observe une disproportion étonnante : le courtisan est plus intelligent, plus brillant, plus complexe que son maître. Musset a inversé le schéma du *Dom Juan* de Molière, où le serviteur, Sganarelle, joue le faire-valoir d'un maître séduisant et cynique. Ici, le véritable héros, c'est déjà Lorenzo.

2 Extrait de l'acte I, scène 4

VALORI. – Devant le duc, l'épée nue !

LE DUC, *riant*. – Laissez faire, laissez faire. Allons Renzo, je veux te servir de témoin – qu'on lui donne une épée !

5 LORENZO. – Monseigneur, que dites-vous là ?

LE DUC. – Eh bien ! ta gaieté s'évanouit si vite ? Tu trembles, cousin ? Fi donc ! tu fais honte au nom des Médicis. Je ne suis qu'un bâtard, et je le porterais mieux que toi, qui es légitime ? Une épée, une épée ! un Médi-
10 cis ne se laisse point provoquer ainsi. Pages, montez ici ; toute la Cour le verra, et je voudrais que Florence entière y fût.

LORENZO. – Son Altesse se rit de moi.

LE DUC. – J'ai ri tout à l'heure, mais maintenant je rou-
15 gis de honte. Une épée !

Il prend l'épée d'un page et la présente à Lorenzo.

VALORI. – Monseigneur, c'est pousser trop loin les choses. Une épée tirée en présence de Votre Altesse est un crime punissable dans l'intérieur du palais.

20 LE DUC. – Qui parle ici, quand je parle ?

VALORI. – Votre Altesse ne peut avoir eu d'autre dessein que celui de s'égayer un instant, et sire Maurice lui-même n'a point agi dans une autre pensée.

LE DUC. – Et vous ne voyez pas que je plaisante
25 encore ? Qui diable pense ici à une affaire sérieuse ? Regardez Renzo, je vous en prie ; ses genoux tremblent, il serait devenu pâle, s'il pouvait le devenir. Quelle contenance, juste Dieu ! je crois qu'il va tomber.

Lorenzo chancelle; il s'appuie sur la balustrade et glisse à terre tout d'un coup.

LE DUC, *riant aux éclats.* – Quand je vous le disais ! personne ne le sait mieux que moi; la seule vue d'une épée le fait trouver mal. Allons, chère Lorenzetta, fais-toi emporter chez ta mère.

Les pages relèvent Lorenzo.

SIRE MAURICE. – Double poltron ! fils de catin !

LE DUC. – Silence, sire Maurice, pesez vos paroles; c'est moi qui vous le dis maintenant. Pas de ces mots-là devant moi.

VALORI. – Pauvre jeune homme !

LE CARDINAL, *resté seul avec le duc.* – Vous croyez à cela, monseigneur ?

LE DUC. – Je voudrais bien savoir comment je n'y croirais pas.

LE CARDINAL. – Hum ! c'est bien fort.

LECTURE MÉTHODIQUE

INTRODUCTION

Nous sommes ici à la fin d'une scène où, la conversation des personnages roulant sur Lorenzo pour le dénigrer, le duc a dû prendre la défense de son favori. Soudain, Lorenzo paraît, répond insolemment à sire Maurice, un gentilhomme, qui tire son épée. À l'étonnement de tous, le duc fait apporter une autre épée, afin que Lorenzo riposte.

Aussi la scène se présente-t-elle comme un spectacle offert par le duc. Elle éclaire également la relation Alexandre/Lorenzo, spécialement tout ce qu'ont de complexe l'attachement et l'aveuglement du duc. Apprécier l'attitude de Lorenzo est enfin chose complexe. D'un côté, tout dans son comportement paraît indiquer la peur et la lâcheté à la perspective du duel ; d'un autre côté, la suspicion du cardinal Cibo, qui a l'air de ne pas croire à l'évanouissement de Lorenzo, invite le spectateur à supposer que le héros simule la frayeur et la perte de conscience. Probablement la vérité est-elle plus complexe, et Musset a très habilement laissé le spectateur dans un « suspens » quant à la signification à accorder à l'épisode.

▰▰▰ 1. UN SPECTACLE OFFERT PAR LE DUC

Les spectateurs

Ils sont au nombre de trois : le cardinal Valori ; sire Maurice, seigneur de l'entourage du duc ; le cardinal Cibo, qui manœuvre secrètement contre Alexandre.

L'indignation (l. 17-19) de Valori fait ressortir ce qu'il y a d'inconvenant à transformer le palais en terrain de duel. Il incarne dans la pièce l'opposition vertueuse au duc, comme Cibo incarne l'opposition cynique. Quand Valori s'exclame : « Une épée tirée en présence de Votre Altesse est un crime punissable dans l'intérieur du palais », il y a beaucoup de naïveté dans son indignation. En effet, il se réfère à un code de bonne conduite à la cour qui interdit, par bienséance, les duels dans l'enceinte du palais ducal. Mais précisément, Alexandre ne s'arrête à aucune règle qui contrevienne à son bon plaisir, chose que Valori n'a pas encore comprise. Le duc s'exclame à l'adresse de Valori : « Qui parle ici quand je parle ? » On ne saurait mieux illustrer le fait que les nobles honnêtes, comme Valori, comptent pour rien aux yeux d'Alexandre.

Sire Maurice, bien qu'il soit initialement le provocateur, est réduit ici, du fait de l'évanouissement de Lorenzo, à n'être que le spectateur sarcastique (l. 36) de la déconfiture du favori. Le personnage résume l'entourage de traîneurs de sabres assez épais auquel se complaît Alexandre.

Sire Maurice et Valori ont ceci de commun qu'ils croient à l'authenticité de l'évanouissement, même si Valori seul plaint Lorenzo (l. 40), alors que l'autre l'injurie. Ces deux personnages ont pour fonction de manifester une propension d'esprit que nous, spectateurs de la pièce, pouvons avoir : accepter l'image d'un Lorenzo sans énergie, décomposé devant la menace physique.

Le cardinal Cibo, longtemps silencieux, a pour rôle d'inviter le duc à douter : « Vous croyez à cela, Monseigneur ? » Cibo est l'image-même de la clairvoyance, qui multiplie dans la pièce, à l'adresse du duc, les mises en garde contre son favori ; et qui invite évidemment le spectateur à soupçonner que la faiblesse de Lorenzo n'est qu'un masque. Dans la scène 10 de l'acte IV, qui précède la scène de l'assassinat d'Alexandre, nous retrouverons le cardinal dans ce même rôle de personnage avertisseur. Il ne sera pas entendu par Alexandre, aveugle jusqu'au bout sur les intentions de Lorenzo.

Un metteur en scène, le duc

C'est le duc qui jubile à l'idée de donner Lorenzo en spectacle (« Toute la cour le verra, et je voudrais que Florence entière y fût ») ; c'est lui qui affecte bruyamment (« riant aux éclats ») d'avoir, d'entrée de jeu, prévu le dénouement du spectacle (« Quand je vous le disais ! ») ; c'est lui enfin qui entend maîtriser la portée de l'événement, en coupant court aux injures de sire Maurice (l. 43-44) et en repoussant les insinuations du cardinal Cibo. C'est ici qu'il faut ne pas perdre de vue les indications scéniques données par Musset au début de la scène. Les personnages sont sur une terrasse : lieu en hauteur, espèce de scène symbolique, qui domine le palais ducal, lequel domine Florence. Cette indication amorce un parallélisme implicite : en contre-bas, « des pages exercent des chevaux dans la cour », tandis que sur la terrasse, le duc exhibe son pitoyable cousin, voulant « l'exercer » lui aussi dans un duel pour éprouver sa lâcheté.

On remarquera, par ailleurs, que le duc fait plusieurs observations décrivant ou commentant l'attitude physique de Lorenzo : « Regardez Renzo [...] ses genoux tremblent [...]. Quelle contenance [...] je crois qu'il va tomber. » Grande est ici l'habileté de Musset : c'est évidemment à l'usage du public que le duc note ces signes de faiblesse, malaisément visibles de loin et difficiles à manifester clairement pour un acteur. Les signes verbaux (la parole) d'un personnage suppléent ainsi aux signes non verbaux (gestes et attitudes) d'un autre, pour que l'illusion théâtrale fonctionne efficacement.

2. LORENZO ET LE DUC : COMPLEXITÉ D'UNE RELATION

Alexandre, protecteur ou persécuteur ?

Au théâtre, l'intériorité d'un personnage ne peut être connue que par le biais du monologue ou de la confession à un autre personnage (par exemple celle de Lorenzo à Philippe Strozzi, acte III scène 3, *cf.* ci-dessous, p. 41). Or, il est frappant que le duc n'ait droit à aucune scène de cette nature dans la pièce. Si bien que cet être, soumis à des impulsions successives et contradictoires, garde jusqu'à la fin une psychologie troublante, voire trouble. Tel est particulièrement le cas ici, dans son rapport avec Lorenzo.

D'un côté, le duc paraît prendre au sérieux le défi qu'il invite Lorenzo à relever : « J'ai ri tout à l'heure, mais maintenant je rougis de honte. Une épée ! » (l. 14-15). On peut penser qu'il lui déplaît de voir un Médicis, son propre cousin, et de plus son homme de confiance, humilié par un vassal. D'un autre côté, Lorenzo une fois évanoui, Alexandre « riant aux éclats » (l. 31) renchérit sur l'humiliation en féminisant Lorenzo (« Lorenzetta ») et en le renvoyant du côté des femmes (« fais-toi emporter chez ta mère »). Mais il interdit aussi à sire Maurice d'injurier le jeune homme (l. 37). Faut-il voir alors en Alexandre un protecteur ou un persécuteur de Lorenzo ?

Un étrange aveuglement

Cette apparente contradiction s'éclaire quand on voit à quelle profondeur Musset a exploré la relation Alexandre/Lorenzo.

Tout prouve dans la pièce que le duc est aveuglément attaché à son cousin (avec ou sans la composante homosexuelle que beaucoup de critiques y ont vue). Il a assurément besoin de l'image d'un Lorenzo complaisant et inoffensif. La faiblesse de son favori l'humilie, comme il est naturel, mais le soulage aussi en le rassurant à peu de frais sur sa propre force d'homme d'épée. D'où le rire « aux éclats » (l. 31), à interpréter comme un signe excessif de soulagement après un moment de crainte rentrée : non, rien à craindre décidément de ce piètre cousin.

Il y a, en outre, une dimension tragique dans l'aveuglement du duc sur la vraie nature de son futur assassin. Le duc croit tout connaître de Lorenzo (« personne ne le sait mieux que moi »). Or, personne ne le connaît plus mal que lui, comme le montrera la grande confession de Lorenzo à Philippe Strozzi : Lorenzo est habité par la haine à l'égard d'Alexandre, il a pris le masque de l'amitié complaisante, depuis le début, pour mieux l'approcher, endormir sa méfiance et le tuer, le moment venu. Par contre, le duc, justement parce qu'il manque de perspicacité, s'est attaché, par certains côtés, à Lorenzo. Et il y a un étrange pathétique dans cet attachement de la future victime à l'assassin en puissance.

Dans l'ensemble, Musset a réussi à montrer ce qu'ont de sommaire au niveau conscient les comportements du duc, et de complexe dans les profondeurs inconscientes son attachement envers celui qu'il feint, pour en faire sa « chose », de mépriser.

3. LORENZO, OU LE VERTIGE DES MASQUES

Le masque de la lâcheté

Éclairé par le cardinal Cibo (l. 41-42), le spectateur soupçonne Lorenzo de jouer la comédie de la lâcheté, destinée à éteindre une fois pour toutes, et publiquement, les méfiances à son égard : il doit apparaître définitivement incapable de tenir une arme.

L'évanouissement peut être lu comme une simulation d'autant plus habile qu'elle repose sur une réaction physiologique *a priori* incontrôlable (pâleur subite, tremblement des jambes, l. 26-27). Si l'on ne croit pas à l'évanouissement, on peut l'interpréter ainsi : Lorenzo a compris qu'il lui faut jouer jusqu'au bout le personnage du lâche, il le fait supérieurement ; et de son masque, il va faire ultérieurement l'instrument de sa vengeance.

Le prisonnier d'un masque

Mais la psychologie de Lorenzo est peut-être plus complexe encore. Les manifestations de son corps (pâleur et tremblement) peuvent laisser supposer qu'il est réellement pris de frayeur à l'idée de combattre. Depuis des années, il joue la faiblesse et la lâcheté : n'a-t-il pas fini par perdre, en une seconde nature, toute force de réaction, prisonnier du masque qu'il a trop longtemps porté ?

Plus précisément encore, on peut penser que c'est devant lui-même qu'il tremble, à l'idée de sa propre lâcheté. Il a peur d'avoir peur. Et parce que le duc donne Lorenzo en spectacle, la scène laisse admirablement percevoir la zone obscure où se situe le futur meurtrier : le masque qu'il porte lui colle à la peau, il l'avouera (acte III, scène 3) ; il est, en partie, ce faible et pâle Lorenzo dont il aime exhiber l'image.

■■■■■ CONCLUSION

Il faut insister sur la profondeur psychologique de la scène, obtenue par le simple spectacle des actions et réactions des personnages, c'est-à-dire par des procédés uniquement théâtraux. Le personnage-clé, Lorenzo, ne prononce que très peu de mots dans cet extrait.

Le spectateur, partagé entre le point de vue des crédules (Valori, le duc) et celui du méfiant (Cibo) pressent que Lorenzo est ici, encore, comme enchaîné au masque de la faiblesse, mais que déjà il peut en être, aussi, le manipulateur.

3 Extrait de l'acte II, scène 2

LORENZO. – Ton pourpoint est usé; en veux-tu un à ma livrée ?

TEBALDEO. – Je n'appartiens à personne. Quand la pensée veut être libre, le corps doit l'être aussi.

5 LORENZO. – J'ai envie de dire à mon valet de chambre de te donner des coups de bâton.

TEBALDEO. – Pourquoi, Monseigneur ?

LORENZO. – Parce que cela me passe par la tête. Es-tu boiteux de naissance ou par accident ?

10 TEBALDEO. – Je ne suis pas boiteux; que voulez-vous dire par là ?

LORENZO. – Tu es boiteux ou tu es fou.

TEBALDEO. – Pourquoi, Monseigneur ? Vous vous riez de moi.

15 LORENZO. – Si tu n'étais pas boiteux, comment resterais-tu, à moins d'être fou, dans une ville où, en l'honneur de tes idées de liberté, le premier valet d'un Médicis peut t'assommer sans qu'on y trouve à redire ?

TEBALDEO. – J'aime ma mère Florence; c'est pour-
20 quoi je reste chez elle. Je sais qu'un citoyen peut être assassiné en plein jour et en pleine rue, selon le caprice de ceux qui la gouvernent; c'est pourquoi je porte ce stylet à ma ceinture.

LORENZO. – Frapperais-tu le duc si le duc te frappait,
25 comme il lui est arrivé souvent de commettre, par partie de plaisir, des meurtres facétieux ?

TEBALDEO. – Je le tuerais, s'il m'attaquait.

LORENZO. – Tu me dis cela, à moi ?

TEBALDEO. – Pourquoi m'en voudrait-on ? je ne fais de mal à personne. Je passe les journées à l'atelier. Le dimanche, je vais à l'Annonciade ou à Sainte-Marie ; les moines trouvent que j'ai de la voix ; ils me mettent une robe blanche et une calotte rouge, et je fais ma partie dans les chœurs, quelquefois un petit solo : ce sont les seules occasions où je vais en public. Le soir, je vais chez ma maîtresse, et quand la nuit est belle, je la passe sur son balcon. Personne ne me connaît, et je ne connais personne ; à qui ma vie ou ma mort peut-elle être utile ?

LORENZO. – Es-tu républicain ? aimes-tu les princes ?

TEBALDEO. – Je suis artiste ; j'aime ma mère et ma maîtresse.

LORENZO. – Viens demain à mon palais, je veux te faire faire un tableau d'importance pour le jour de mes noces.

Ils sortent.

LECTURE MÉTHODIQUE

INTRODUCTION

Notre extrait est constitué par la fin d'une longue scène d'entretien entre Lorenzo et le jeune peintre Tebaldeo ; Lorenzo n'a cessé d'y railler l'idéalisme du candide jeune homme, qui voit dans l'art le seul salut au sein d'une Florence corrompue.

La maîtrise du dialogue est ici détenue par Lorenzo, qui pose les questions et commente les réponses, comme le lui permet son rang social : dialogue à armes inégales, tel sera le premier axe de notre lecture.

Dans cette fin de scène, Tebaldeo, sans se départir de son idéalisme, révèle ici un autre visage de lui-même, comme nous le verrons dans un deuxième temps.

Enfin, le commentaire exige que cet épisode soit lu dans la perspective de l'évolution de Lorenzo vers le meurtre, qui gouverne toute la pièce : Musset a disposé ici plusieurs jalons importants.

1. UN DIALOGUE À ARMES INÉGALES

Le prince et le peintre

Entre les deux personnages, le jeu ne saurait être égal, parce qu'un abîme les sépare dans la hiérarchie sociale : d'un côté, un grand seigneur, cousin d'Alexandre de Médicis ; de l'autre, un petit peintre débutant qui doit marquer du respect envers son interlocuteur. Aux impertinences de Lorenzo, il n'oppose deux fois (l. 7 et 13) que l'étonnement poli d'un « Pourquoi Monseigneur ? »

La supériorité de Lorenzo se manifeste encore dans la réplique « Tu me dis cela, à moi ? » : l'intime d'Alexandre signifie qu'il lui suffirait de rapporter à son cousin le propos hardi de Tebaldeo pour le faire arrêter aussitôt. Le statut de la parole est donc en tous points inégal entre Lorenzo et Tebaldeo, puisque l'un joue de son irresponsabilité désinvolte (*cf.* « Parce que cela me passe par la tête », l. 8), tandis que l'autre pourrait payer de sa vie une parole imprudente.

Il est significatif, également, que Tebaldeo accepte, sans autre réplique qu'un silence soumis, l'invitation de Lorenzo à venir peindre pour lui (l. 42-44). L'artiste de la Renaissance, surtout débutant, est tributaire de la commande et des caprices du mécénat. Musset a ici ironiquement suggéré la contradiction objective du personnage de Tebaldeo : prétendant ne servir que l'art (l. 30), il doit cependant se mettre à la disposition d'un favori cynique.

Un meneur de jeu impertinent : Lorenzo

Observons maintenant le jeu des questions et des répliques de Lorenzo (l. 8-18) à propos de la supposée claudication ou de la supposée folie de Tebaldeo. Lorenzo voit bien et sait bien que son interlocuteur n'est ni boiteux ni fou. Ce jeu n'a d'autre but que d'amener la petite tirade cinglante : « Si tu n'étais pas boiteux... ». L'impertinence consiste ici à manœuvrer la crédulité de Tebaldeo, qui s'étonne naïvement des questions qu'on lui pose. Cynique aussi est l'enchaînement des remarques de Lorenzo : il souligne le décalage entre la Florence idéalisée par Tebaldeo et la réalité d'une ville où « le premier valet d'un Médicis peut [l']assommer sans qu'on y trouve à redire » (l. 18).

Dans la seconde partie de l'extrait, le ton de Lorenzo n'est plus tout à fait le même. Les questions « Frapperais-tu le duc si le duc te frappait ? » (l. 24) et « Es-tu républicain ? » visent réellement à sonder Tebaldeo, avec une curiosité qui n'est pas seulement amusée. À titre expérimental, il est intéressant pour Lorenzo d'observer qu'un personnage si candide pourrait aller jusqu'au meurtre. Dans tout notre extrait, Tebaldeo est pour Lorenzo l'interlocuteur qu'il a toute facilité de questionner et de provoquer, en se réservant les conclusions à tirer de ses réponses.

▬▬▬ 2. LE DOUBLE VISAGE DE TEBALDEO

L'amour comme valeur

Cet amour est d'abord celui de sa patrie, Florence ; « J'aime ma mère » (l. 19) : cette affirmation de Tebaldeo fait de lui l'incarnation des valeurs du patriotisme. Par le mot de « mère », Tebaldeo désigne Florence et colore d'une affectivité fervente son attachement à sa cité. À cet égard, on peut rapprocher Tebaldeo de la marquise de Cibo, amoureuse de Florence (mais aussi, pour son malheur, du duc) : nous avons là deux personnages positifs qui, impuissants à faire chuter la tyrannie, sont rendus sympathiques par un patriotisme sentimental d'inspiration très romantique.

Tebaldeo incarne aussi l'amour de l'art; il est indifférent aux luttes politiques. Ni républicain ni monarchiste, il refuse de choisir son camp. Il n'entretient de rapport au domaine public qu'à travers l'art : la peinture bien sûr (« Je suis artiste », l. 40), et la musique, puisqu'il figure comme choriste d'église. Cette évocation du jeune peintre chantant dans les églises florentines avec sa robe blanche et sa calotte rouge (l. 33) paraît droit sortie des fresques italiennes de la Renaissance (on songe aux anges musiciens de Piero della Francesca). Musset, à travers cette charmante figure, a esquissé le rêve d'une époque où s'uniraient l'art et la foi.

Quant à l'amour sagement exclusif de Tebaldeo pour sa maîtresse, à son côté paisible (« Le soir, je vais chez ma maîtresse »), il s'oppose au libertinage de la cour. L'allusion au balcon sous le ciel nocturne (« quand la nuit est belle ») ajoute une note romantique, en ouvrant l'amour humain sur la contemplation de l'infini.

L'exigence de l'honneur

À la fin de cette longue scène, Musset a ménagé une surprise, en suggérant chez Tebaldeo une force d'âme devant l'action que rien ne laissait attendre chez cet être quelque peu éthéré. Tebaldeo n'est pas un rêveur éveillé, il sait que Florence est le jouet d'un tyran, et qu'un citoyen doit savoir s'y défendre physiquement (« c'est pourquoi je porte ce stylet à ma ceinture », l. 22-23). Notons le parallélisme des constructions dans les tranquilles affirmations de Tebaldeo : « C'est pourquoi je reste chez elle »; « C'est pourquoi je porte ce stylet ». Sont associés étroitement le patriotisme et la capacité de riposte à l'injustice du pouvoir.

Nous apprenons que, pour celui qui aime Florence comme sa mère, le code de l'honneur s'appliquerait même si l'offenseur était le duc de cette même Florence :

> Je le tuerais s'il m'attaquait   (l. 27.)

Cette dernière parole doit résonner étrangement en Lorenzo : il apparaît que le citoyen le plus pur de Florence pourrait accomplir l'acte qui le hante lui, Lorenzo : tuer Alexandre.

3. UNE LECTURE EN PERSPECTIVE

Tebaldeo, double de Lorenzo

L'interprétation de la scène exige une lecture en perspective, c'est-à-dire qui prenne en compte l'évolution de Lorenzo au long de la pièce. En ce sens, il faut rapprocher, au sein de l'acte II, cette scène 2 de la scène 4 (*cf.* ci-dessous, p. 25), où Lorenzo sera révélé à lui-même par l'image du pur Lorenzo d'autrefois, que lui présentera sa mère. Ici, déjà, qu'est Tebaldeo, sinon une sorte de double de cet ancien Lorenzo ? Tebaldeo représente le jeune homme sage, épris d'art comme Lorenzo le fut des livres, pareillement rêveur et méditatif (*cf.* ci-dessous, p. 29). Toute la scène montre que Tebaldeo incarne cet idéalisme qui, nous l'apprendrons (acte III, scène 3), a longtemps animé Lorenzo lui-même. Le trait de génie de Musset a été de présenter cet angélique Tebaldeo comme un être de courage, capable d'attenter à la vie du duc.

Comment Lorenzo, qui l'interroge avec insistance sur ce point, ne trouverait-il pas en Tebaldeo la preuve vivante qu'il n'y a pas d'incompatibilité entre la vertu et le meurtre ?

La première étape dans la marche vers le meurtre d'Alexandre

Y a-t-il dans notre texte des signes qui indiquent que Lorenzo commence à préparer l'assassinat d'Alexandre ? Avant de répondre, il faut se souvenir que le théâtre exclut la manifestation de l'intériorité, et qu'en plus, Lorenzo doit avancer constamment masqué s'il veut endormir la méfiance. Cela dit, le jeu de l'acteur qui tient le rôle peut éclairer le spectateur : l'étonnement peut en effet se marquer sur son visage quand il apprend que Tebaldeo irait jusqu'à tuer Alexandre si l'honneur l'exigeait (l. 27).

Mais, dans le texte même, on doit s'arrêter surtout à l'indice que constitue l'invitation faite par Lorenzo à Tebaldeo : quel est ce « tableau d'importance » qu'il va commander au jeune peintre ? Pourquoi tient-il à l'attirer chez lui ? La suite de la pièce nous apprend que Lorenzo va imaginer de faire poser le duc torse nu devant Tebaldeo, de manière à subtiliser la cotte de maille qui le protège en permanence (acte II, scène 6). Seule donc, une lecture tenant compte de la suite des événements peut éclairer le cheminement de Lorenzo pendant cette scène : il a immédiatement compris le parti à tirer de la complicité involontaire de Tebaldeo. On remarque surtout l'habileté de construction propre à Musset, dans sa manière de nouer les moindres fils de l'intrigue.

Quant à l'expression « Pour le jour de mes noces » (l. 43-44), elle ne peut qu'intriguer davantage le spectateur : Lorenzo marié ? Encore une belle plaisanterie de libertin ! En fait, l'expression est métaphorique, et fait allusion au meurtre d'Alexandre, grâce auquel Lorenzo se réconciliera avec lui-même dans une étrange union sanglante, comme il le laissera entendre dans sa confession à Pierre Strozzi. La scène s'achève en entrebaillant la perspective sur le destin de Lorenzo, sa tension vers l'apothéose du meurtre.

■■■■ CONCLUSION

Musset a concilié ici plusieurs exigences. Il a dessiné avec plus de force et de crédibilité la figure jusque-là assez pâle de Tebaldeo. Par là-même, c'est Lorenzo qui trouve chez cet être si pur un modèle et une sorte de caution morale en vue de l'assassinat.

La vraisemblance dramatique n'est pas moins nette : il est très naturel que Tebaldeo accepte de peindre pour Lorenzo, ce qui fait de lui le serviteur involontaire d'un machiavélique dessein.

Quand la psychologie et l'action sont si parfaitement indissociables, elles signalent la grande réussite théâtrale.

4 Extrait de l'acte II, scène 4

MARIE. – Sais-tu le rêve que j'ai eu cette nuit, mon enfant ?

LORENZO. – Quel rêve ?

MARIE. – Ce n'était point un rêve, car je ne dormais pas. J'étais seule dans cette grande salle ; ma lampe était loin de moi, sur cette table auprès de la fenêtre. Je songeais aux jours où j'étais heureuse, aux jours de ton enfance, mon Lorenzino. Je regardais cette nuit obscure, et je me disais : il ne rentrera qu'au jour, lui qui passait autrefois les nuits à travailler. Mes yeux se remplissaient de larmes, et je secouais la tête en les sentant couler. J'ai entendu tout d'un coup marcher lentement dans la galerie ; je me suis retournée ; un homme vêtu de noir venait à moi, un livre sous le bras – c'était toi, Renzo : « Comme tu reviens de bonne heure ! » me suis-je écriée. Mais le spectre s'est assis auprès de la lampe sans me répondre ; il a ouvert son livre, et j'ai reconnu mon Lorenzino d'autrefois.

LORENZO. – Vous l'avez vu ?

MARIE. – Comme je te vois.

LORENZO. – Quand s'en est-il allé ?

MARIE. – Quand tu as tiré la cloche ce matin en rentrant.

LORENZO. – Mon spectre, à moi ! Et il s'en est allé quand je suis rentré ?

MARIE. – Il s'est levé d'un air mélancolique, et s'est effacé comme une vapeur du matin.

LORENZO. – Catherine, Catherine, lis-moi l'histoire de Brutus.

30 CATHERINE. – Qu'avez-vous ? vous tremblez de la tête aux pieds.

LORENZO. – Ma mère, asseyez-vous ce soir à la place où vous étiez cette nuit, et si mon spectre revient, dites-lui qu'il verra bientôt quelque chose qui l'étonnera.

LECTURE MÉTHODIQUE

INTRODUCTION

Dans cette scène apparaissent, outre Lorenzo, deux personnages féminins que le spectateur connaît déjà, depuis l'acte I, scène 6 : Marie Soderini, mère de Lorenzo, et Catherine Ginori, sœur de Marie et tante du jeune homme. On les y a déjà entendues déplorer la déchéance de Lorenzo, et évoquer l'enfant généreux et épris d'héroïsme qu'il était autrefois. Il paraît donc très naturel de voir ici la mère de Lorenzo hantée par l'image de son « Lorenzino d'autrefois », comme par celle d'un disparu. Précisément, ce Lorenzo va connaître dans cette scène une résurrection, à travers l'hallucination de Marie.

Musset a travaillé la vraisemblance psychologique pour faciliter l'insertion du surnaturel dans le quotidien : ce sera notre premier axe d'étude. La puissance poétique qui baigne la scène mérite ensuite d'être analysée. Il restera alors à étudier la portée symbolique du rêve de Marie ; en Lorenzo, auditeur du récit de sa mère, surgit un rêve d'action et de grandeur : d'où l'importance dramatique de ce passage dans le processus de maturation qui mènera jusqu'au meurtre.

1. LA VRAISEMBLANCE PSYCHOLOGIQUE

Un climat favorable à l'hallucination

Musset a tout fait pour que la vision de Marie paraisse émaner naturellement de la songerie solitaire d'une mère sur le passé de son fils. « Je songeais au jour où j'étais heureuse » : cette nostalgie est également naturelle chez une femme que tout dans son fils a meurtrie. Le surgissement des larmes (l. 10-11) signale la commotion affective et annonce le trouble de l'hallucination.

Musset a multiplié les éléments extérieurs favorables au phénomène de vision : la solitude de Marie, la pénombre qui baigne la pièce, l'espace vaste et comme déserté (« J'étais seule dans cette grande salle »). Pareille à la lampe placée loin de Marie (l. 5-6), on imagine volontiers que sa conscience ne l'éclaire plus que faiblement, et ne fait plus barrage aux images du passé.

Le surnaturel dans le quotidien

Le surnaturel paraît s'insérer avec aisance dans le quotidien. Sans frayeur, Marie accueille l'apparition, avec les simples mots par lesquels une mère interroge son fils qui rentre : « Comme tu reviens de bonne heure ! » (l. 15). Cette nuance d'étonnement s'explique par le fait que Marie garde à l'esprit, jusque dans sa vision, les nuits agitées que Lorenzo passe d'ordinaire au dehors. Comme s'il accomplissait des gestes quotidiens, le spectre s'installe sous la lampe et se plonge dans sa lecture : tout naturellement, l'image du fils réfléchi et paisible que Marie croyait disparu a repris sa place (l. 17-18).

Ainsi le surnaturel s'inscrit-il avec une tranquille évidence dans l'esprit de Marie. Musset a écarté tout pittoresque macabre dont un mauvais romantisme aurait pu décorer cette scène d'apparition. Sur le plan formel, on remarque la continuité dans le passage de la réalité à la vision : des expressions comme « J'ai entendu tout d'un coup marcher » (l. 11-12), ou « le spectre s'est assis » (l. 16) excluent la source objective de la perception.

2. PUISSANCE POÉTIQUE DE L'ÉVOCATION

La poésie de la solitude et de la douleur

En quelques brèves phrases, Musset a suggéré l'espace plein d'ombre qui entoure la mère de Lorenzo et accroît sa solitude : il nous invite à imaginer la « grande salle » austère d'une demeure du XVIe siècle, prolongée par une « galerie » où l'écho des pas (« j'ai entendu marcher lentement ») agrandit encore l'espace. On aperçoit le visage de Marie à travers un clair-obscur, comme dans maints tableaux de la Renaissance.

Et devant les larmes qui emplissent ses yeux, comment ne pas songer à celles d'une autre Marie, la Vierge, si souvent peinte par les artistes florentins ? Musset a suggéré une variation sur le thème de la Madone, de la Mater Dolorosa qui pense avoir définitivement perdu son fils, comme Marie Soderini croit disparu son Lorenzino d'autrefois.

La poésie du silence

Le silence, déjà présent dans l'évocation de la demeure, acquiert une dimension mystérieuse avec le silence du spectre qui ne répond pas à Marie (l. 17). Contrastant avec lui, le son de la cloche (l. 22) en rompt l'enchantement surnaturel au matin.

Ce silence du spectre est riche de suggestions qui en font la poésie : s'opposant au bavardage habituel de Lorenzo, il symbolise la paix domestique et la soumission filiale. Mais il est aussi le signe de la tristesse et de la mort : le spectre « vêtu de noir » ne porte-t-il pas le deuil du jeune Lorenzo d'autrefois ? Et son mutisme ne marque-t-il pas la tristesse, la honte de soi, de celui qui vient exprimer son repentir devant sa mère ?

Il est indispensable de signaler que s'exprime ici une hantise de Musset lui-même. Dès l'enfance, il a connu l'hallucination du double, croyant voir surgir parfois à ses côtés un autre lui-même, triste et silencieux. Dans le poème lyrique, d'inspiration autobiographique, intitulé *La Nuit de décembre*, il écrit :

> Du temps que j'étais écolier,
> Je restais le soir à veiller
> Dans notre salle solitaire.
> Devant ma table vint s'asseoir
> Un pâle enfant, vêtu de noir,
> Qui me ressemblait comme un frère.

Il est frappant de retrouver dans ce texte les éléments favorables à l'apparition (l'obscurité, la salle solitaire), et même des traits singulièrement précis (le vêtement noir, qui caractérise Lorenzo comme le double de l'écolier). Mais, différence importante, on voit que Musset, dramaturge, a placé l'hallucination dans l'esprit de Marie et non dans celui de Lorenzo. Cela permet à Marie, auréolée de poésie maternelle, d'être comme la dépositaire secrète de la vraie image de Lorenzo. Il y a aussi un beau symbolisme poétique dans le fait que le double soit silencieux (il ne répond pas, il se plonge dans son livre, l. 17) : cela suggère que dans le Lorenzo d'aujourd'hui, étourdissant bavard, sommeille un autre Lorenzo, secret, profond, et tourné vers le mystère de la vie intérieure.

3. PORTÉE SYMBOLIQUE DE LA SCÈNE

Signification symbolique du rêve de Marie

Si l'on considère le spectre apparu à Marie, on voit s'y superposer deux images de Lorenzo. Elles correspondent à deux époques de sa vie. Il y a d'une part l'adulte (« un homme vêtu de noir »), libre de ses mouvements, qui rentre à la nuit ; à l'arrière-plan se profile, d'autre part, l'image de l'écolier qui porte son livre sous le bras. Cette dernière image est précisément celle que Marie a conservée de son enfant (*cf.* acte I, scène 6) : image-symbole d'une jeunesse studieuse, quand Lorenzo rentrait avec ses gros livres sous le bras. Le moment de lecture sous la lampe (l. 16) rappelle les studieuses veillées (l. 10) que Marie évoque pour elle-même juste avant l'apparition du spectre. Celui-ci représente donc un Lorenzo adulte qui aurait accompli les promesses de sérieux du Lorenzo enfant.

C'est une idée juste et belle de la part de Musset d'avoir attribué à la mère de son héros l'intuition prémonitoire que l'ancien Lorenzo n'est pas mort. Marie Soderini, comme la Vierge Marie (la similitude des prénoms n'est pas fortuite), est la première « croyante » en la destinée de son fils, parce qu'elle le connaît plus intimement que personne. D'autre part, pour les romantiques (pour Gérard de Nerval, en particulier), c'est dans l'enfance que réside la clé de l'épanouissement spirituel de l'homme : est authentique celui qui a gardé en lui l'esprit d'enfance. Notons aussi que Marie emploie le mot ambigu de « rêve » (l. 1) quand elle s'adresse à Lorenzo ; ceci montre qu'elle entend, sous son récit, faire part à Lorenzo de son désir profond, subconscient, le concernant : elle a « rêvé » (au sens de « souhaiter idéalement ») que la qualité de son être réapparaisse.

L'éveil d'un nouveau Lorenzo

Pourquoi Lorenzo prie-t-il avec fébrilité Catherine de lui lire l'histoire de Brutus ? Pour répondre, précisons qu'il y a eu dans l'histoire romaine deux Brutus : le plus connu, l'assassin de César, et son homonyme, qui simula la folie pour assouvir sa vengeance contre un roi détesté, Tarquin le Superbe. Dans l'esprit de Lorenzo, les deux Brutus se confondent pour incarner la lutte contre le tyran, lutte conduite jusqu'au meurtre par l'un des familiers du dit tyran.

L'allusion est des plus claires : Lorenzo veut renouer avec les modèles admirés à travers ses lectures de jeunesse (l'historien grec Plutarque, déjà cité, acte I, scène 6). S'il prie Catherine de lui lire l'histoire d'un tyrannicide, c'est qu'il est mû par le désir d'identification. On observe là le réflexe d'un être instable, qui se cherche et s'exalte à travers des images, pour « étonner » son entourage (l. 34). Le rêve de Marie, où il apparaît penché sur ses livres, a brusquement suscité en Lorenzo la volonté de devenir lui aussi, fût-ce au prix du sang, un homme qui compte dans l'histoire.

Les derniers mots de Lorenzo suggèrent également une interprétation plus complexe encore. Il demande à sa mère d'annoncer à son spectre, s'il réapparaît, « qu'il verra bientôt quelque chose qui l'étonnera ». Lorenzo s'engage donc à étonner son double, c'est-à-dire à étonner une certaine partie de lui-même. Le meurtre qu'il projette est alors conçu comme une sorte de défi lancé à lui-même, une manière de s'affirmer par l'action violente, en « étonnant » la partie la plus sage et la plus rêveuse de son Moi.

■■■■ CONCLUSION

Ce passage constitue un hâvre de poésie et de tendresse dans un drame de tonalité âpre et amère. Marie incarne la féminité maternelle, toujours capable d'éveiller les exaltations de l'enfance qui sommeillent en un fils. Tout ici se déroule dans un climat étrange, entre rêve et hallucination, entre nostalgie du passé et intuition de l'avenir. Une ambiguïté pèse néanmoins sur la signification d'ensemble : Marie rêvait au Lorenzo d'autrefois, pur et studieux, et son rêve même suscite l'apparition d'un Lorenzo nouveau certes, décidé à agir, mais par le meurtre.

5 Extrait de l'acte III, scène 3

LORENZO. – Suis-je un Satan ? Lumière du ciel ! je m'en souviens encore ; j'aurais pleuré avec la première fille que j'ai séduite, si elle ne s'était mise à rire. Quand j'ai commencé à jouer mon rôle de Brutus moderne, je
5 marchais dans mes habits neufs de la grande confrérie du vice, comme un enfant de dix ans dans l'armure d'un géant de la fable. Je croyais que la corruption était un stigmate, et que les monstres seuls le portaient au front. J'avais commencé à dire tout haut que mes vingt années
10 de vertu étaient un masque étouffant – ô Philippe ! j'entrai alors dans la vie, et je vis qu'à mon approche tout le monde en faisait autant que moi ; tous les masques tombaient devant mon regard ; l'Humanité souleva sa robe, et me montra, comme à un adepte digne d'elle, sa mons-
15 trueuse nudité. J'ai vu les hommes tels qu'ils sont, et je me suis dit : Pour qui est-ce donc que je travaille ? Lorsque je parcourais les rues de Florence, avec mon fantôme à mes côtés, je regardais autour de moi, je cherchais les visages qui me donnaient du cœur, et je me
20 demandais : Quand j'aurai fait mon coup, celui-là en profitera-t-il ? – J'ai vu les républicains dans leurs cabinets, je suis entré dans les boutiques, j'ai écouté et j'ai guetté. J'ai recueilli les discours des gens du peuple, j'ai vu l'effet que produisait sur eux la tyrannie ; j'ai bu,
25 dans les banquets patriotiques, le vin qui engendre la métaphore et la prosopopée, j'ai avalé entre deux baisers les larmes les plus vertueuses ; j'attendais toujours que l'humanité me laissât voir sur sa face quelque chose d'honnête. J'observais... comme un amant observe sa
30 fiancée, en attendant le jour des noces !...

LECTURE MÉTHODIQUE

■■■■ INTRODUCTION

Cet extrait prend place au cœur de la scène 3 de l'acte III, scène qui revêt en elle-même une importance capitale dans la pièce. On y voit, en effet, Lorenzo se confier pleinement à Philippe Strozzi, vieil homme généreux, de convictions républicaines, et donc opposé à toute tyrannie : Lorenzo retrace au cours de cette scène l'histoire de sa jeunesse pure, puis son enfoncement dans l'infâmie, à seule fin de devenir l'intime du tyran de Florence et de le supprimer. Dans cet extrait, Lorenzo exprime ce qu'a été le choc moral de sa rencontre avec la société et l'humanité telles qu'elles sont, au sortir de sa jeunesse livresque.

Nous proposons trois éclairages sur le texte : à partir de l'observation des temps grammaticaux, on dégagera la structure du passage ; puis, on analysera les images qui occupent le premier plan stylistique ; enfin, on pourra interroger la signification politique et morale du passage.

■■■■ 1. TEMPS GRAMMATICAUX ET STRUCTURE DU TEXTE

Les trois temps grammaticaux

On repère dans l'extrait trois temps grammaticaux prédominants : l'imparfait, employé avec ses valeurs habituelles de durée et de répétition dans le passé ; le passé simple, qui isole un fait ; le passé composé, qui a ici sa valeur d' « accompli », l'action étant envisagée comme achevée par le locuteur.

– *Le passé simple* apparaît au centre de la tirade, isolant de manière frappante une étape-clé de l'expérience de Lorenzo : « j'entrai alors dans la vie, et je vis » (l. 10-11). Le moment crucial a donc été le passage dans la « vie » concrète, qui s'oppose ici implicitement à l'âge idéaliste où Lorenzo ne connaissait que les livres. Ajoutons que le passé simple, qui est le temps du récit historique, dote cette révélation (« et je vis ») d'une coloration dramatique, solennelle. Lorenzo raconte son histoire personnelle comme celle des grands hommes de l'Histoire, aux vies marquées par les tournants du destin.

– *L'imparfait* s'applique à deux périodes : avant et après cette entrée dans la « vie ». Avant (« je marchais », « Je croyais »), c'est l'âge de l'illusion idéaliste, comme le marque l'emploi du verbe « croire ». Après (« je regardais », « je cherchais », « j'attendais », « j'observais »), c'est l'âge où ces illusions sont mortes, mais où, comme l'indique le sens des verbes, il y a attente de quelque chose, ultime espoir de voir quelque trace de vertu dans l'humanité. On observera avec quelle habileté Musset a opposé au temps de la révélation (le passé simple) ces imparfaits à valeur répétitive et durative qui suggèrent l'attente et l'effort de l'esprit.

– *Le passé composé* comporte dix occurrences aux lignes 15 à 26, c'est donc le temps dominant de l'extrait ; il renvoie à la période de l'expérience concrète de la vie sociale (Lorenzo a connu tous les milieux florentins, de la cour d'Alexandre au plus vulgaire cabaret). Son emploi si répété permet d'unifier, dans une période vague, des actions assez disparates et de donner une idée de monotonie : c'est toujours le même temps grammatical, et, implicitement, c'est toujours la même déception de Lorenzo. D'autre part, le passé composé contient ici sa valeur d' « accompli » : la société a été vue et jugée par Lorenzo, l'expérience est faite. C'est encore une habile utilisation par Musset de l'idée de bilan qui s'attache à ce temps verbal.

Les oppositions qui structurent le texte

La tirade est donc structurée par l'opposition entre un avant et un après, la ligne de partage étant signalée par le choc d'une révélation « monstrueuse » (l. 14-15). Ce système, simple en lui-même, se double d'une opposition plus complexe à l'intérieur de la deuxième période (= après).

Observons les imparfaits : « je regardais », « je cherchais », « je me demandais » (l. 18 à 20), « j'attendais »

(l. 27), « j'observais » (l. 29). Ces verbes appartiennent au champ lexical de l'attente et de l'attention. L'imparfait a été utilisé comme le temps de l'expérience intérieure et de l'espérance secrète.

Les passés composés : « j'ai vu » (l. 21), « je suis entré » (l. 22), « J'ai recueilli » (les discours) (l. 23), « j'ai bu » (l. 24), « j'ai avalé » (l. 26), expriment au contraire l'expérience concrète du monde, les actions de celui qui a joué le jeu social.

Ainsi, l'opposition des temps révèle l'opposition entre les deux visages de lui-même que Lorenzo montre à Philippe : l'homme qui s'est engagé dans la vie sociale et l'a explorée (les passés composés), l'homme qui a espéré malgré tout en l'humanité, étant demeuré une conscience idéaliste (les imparfaits). Allant plus loin, on pourrait reconnaître là les deux Lorenzo familiers pour le spectateur : celui de la compromission avec le mal, et celui qui abrite une nostalgie de la pureté.

2. LES IMAGES

Leur abondance et leur variété

L'abondance des images, leur caractère parfois hardi (l'Humanité impudique, l. 13) frappent tout lecteur. Cette fréquence des images s'explique par le fait que le fond du propos est abstrait (il s'agit de vice, de vertu, d'idéalisme déçu), alors que le langage théâtral doit fuir l'abstraction pour ne pas ennuyer.

Aussi Musset a-t-il recours à l'image pour concrétiser l'expression. Pour faire sentir combien Lorenzo est mal à l'aise lorsqu'il s'oblige à paraître vicieux, Musset utilise la métaphore des habits neufs (l. 5), parce qu'on y est gauche, et l'image de l'armure géante (l. 6), plus évocatrice encore. La corruption morale est traitée en termes de « stigmate » (l. 8), c'est-à-dire de cicatrice indélébile.

À quelques lignes d'intervalle, une même image est reprise et enrichie : ainsi celle du masque. Quand Lorenzo a feint de renier sa jeunesse vertueuse, il a proclamé que cette vertu n'était qu'un « masque » (l. 10). L'emploi de l'image est ici assez banal. Puis Lorenzo s'aperçoit que dans la société entière les vertus ne sont que masques : « tous les masques tombaient devant mon regard » (l. 12-13). L'image prend de l'ampleur et de la vie, elle évoque le moment où, à la fin de la comédie italienne masquée, les acteurs montrent au public leur vrai visage. Ainsi cette image rejoint le thème, important dans *Lorenzaccio*, de la mascarade (le duc et ses amis se déguisent et le bon peuple s'ébaudit, acte I, scène 2).

Autre exemple : une même réalité, l'Humanité, peut être imagée de façon suivie et contrastée à la fois. Elle est assimilée au début à une femme impudique (« souleva sa robe », l. 13), prostituée qui dévoile l'horreur au lieu de la beauté (« et me montra sa monstrueuse nudité »). À la fin de la tirade, le procédé de personnification est repris : il se prépare avec le mot « face » (l. 28) et se poursuit avec la comparaison de l'Humanité et de la « fiancée » pure (l. 28). Il est facile de voir là l'image antithétique de la prostituée. Nous avons l'illustration imagée des deux aspects de l'humanité vue par Musset lui-même : l'humanité idéalisée par le romantisme, qui appelle les idées généreuses, et l'humanité réelle, dont la « nudité » (= la réalité) déçoit et dégoûte.

Leur originalité esthétique

Si l'aspect hardi de certaines images nous étonne, il faut imaginer un choc bien plus fort sur le lecteur de 1832, antérieur à l'époque baudelairienne. Or précisément nous songeons à Baudelaire[1] quand Musset choisit de heurter le bon goût et d'associer le noble au trivial en écrivant : « L'Humanité souleva sa robe [...] et me montra sa monstrueuse nudité » (l. 14-15). Ici l'Humanité, concept-phare de l'idéalisme romantique, se voit associée à des images de laideur physique et morale.

Ailleurs, c'est le procédé de l'alliance de mots (= rapprochement des contraires) qui a pour fonction d'étonner :

---

1. Parce que la poésie de Baudelaire associe l'horreur et la beauté d'une manière parfois provocante. Cette esthétique est illustrée dans le poème des *Fleurs du mal*, « Hymne à la beauté ».

ainsi, parler de la « grande *confrérie du vice* » (l. 5-6), c'est rapprocher l'idée de vice généralisé et celle d'association pieuse (que contient le terme de confrérie). Ou encore : « J'ai avalé entre deux baisers les larmes les plus vertueuses » (l. 26-27) : ici, c'est le verbe « avaler », très concret, qui détonne volontairement avec son complément d'objet « larmes », dont l'aspect concret est effacé par l'adjectif « vertueuses ». L'expression révèle admirablement la lucidité cynique de Lorenzo : il a discerné, dans ces larmes qui coulent entre deux baisers accordés par la belle, les traces du repentir. Si elle pleure, c'est qu'elle a honte, par vertu, de s'abandonner au séducteur. L'expression de Lorenzo souligne donc cruellement la faiblesse et les contradictions de la jeune fille.

3. SIGNIFICATION POLITIQUE ET MORALE

Pour bien comprendre la portée d'un passage si pessimiste, il faut distinguer les deux objets sur lesquels s'exerce ce pessimisme : l'Humanité et Florence. Plus exactement, l'humanité a été jugée et appréciée par Lorenzo à travers Florence, sorte de microcosme des réalités humaines (*cf.* « Lorsque je parcourais les rues de Florence », l. 17) : la condamnation morale de l'humanité recoupe la condamnation politique de la société florentine. Or, nous savons que dans la pièce, cette société a été étrangement modernisée par Musset, pour ressembler à la société française de 1832 ! Donc, la signification politique de l'extrait est bien à lire en fonction de la situation française et des opinions politiques de Musset lui-même.

Le pessimisme sur le plan politique

Nous voyons Lorenzo faire le tour des différents groupes sociaux, à la recherche de citoyens qui puissent lui « donner du cœur » (= du courage) (l. 19) : Lorenzo cherche des hommes qui soient assez mûrs pour mériter la liberté qu'il va leur apporter en les délivrant de la tyrannie d'Alexandre; il cherche aussi des citoyens qui soient d'un réel soutien dans son action.

D'abord sont nommés les *républicains*; le complément « dans leurs cabinets » (l. 20-21) suffit à suggérer qu'ils sont des intellectuels inefficaces. Dans la pièce, Philippe Strozzi lui-même est l'image vivante de ces hommes de doctrine, idéalistes et paralysés par les scrupules devant l'action; à travers lui, Musset a raillé les théoriciens libéraux de son temps, effarouchés par la violence de la Révolution de 1830[1].

Les « *boutiques* », citées ensuite (l. 22), évoquent la petite bourgeoisie commerçante, représentée dans la pièce par le personnage du marchand (*cf.* acte I, scène 2); cette catégorie sociale s'accommode de la tyrannie, parce que le luxe de la cour d'Alexandre lui permet de vendre ses soieries. Selon Musset, l'idée de liberté n'exaltera jamais le boutiquier français de 1832.

Les « *gens du peuple* » (l. 23) subissent passivement la tyrannie dans *Lorenzaccio*; voilà « l'effet » qu'elle produit sur eux, et que Musset ici n'a pas eu besoin de développer. On retrouve le pessimisme de notre auteur sur les chances d'une révolution populaire en France dans les années 1830.

Les *« banquets patriotiques »* (l. 25), plus français que florentins, réunissent sous la monarchie constitutionnelle de la première moitié du XIXe siècle les opposants libéraux (puis républicains) au régime. On s'y enivre moins de vin que d'une rhétorique pompeuse et exaltée, comme le suggère l'expression « le vin qui engendre la métaphore et la pro-

---

1. Rappelons que l'insurrection de juillet 1830 à Paris avait renversé le régime de la Restauration (celui des derniers rois Bourbon, nostalgiques de l'Ancien Régime, hostiles à l'héritage révolutionnaire), remplacé dès lors par celui de la Monarchie dite de Juillet, monarchie constitutionnelle elle aussi, mais de tendance plus libérale que la précédente (elle acceptait pleinement les principes de 1789). Le peuple parisien avait presque été surpris, au terme de l'émeute, du résultat de la révolution : les députés et quelques personnalités politiques avaient fait prévaloir la solution orléaniste (le nouveau roi est Louis-Philippe Ier) contre la solution républicaine, effrayante pour les partisans de l'ordre. C'est tout le thème (bien amer pour les républicains et les démocrates), après 1830, de la révolution « confisquée » par la bourgeoisie.

sopopée[1] » (l. 26). Rien à attendre de concret de cette opposition, semble dire Musset.

Donc, dans tous les cas évoqués, Musset a exprimé son désenchantement politique : l'avenir (florentin et français) lui paraît bloqué par l'impuissance du peuple et l'inefficacité des idées.

Le pessimisme sur le plan moral

Ce pessimisme politique se double d'un pessimisme moral sur la nature humaine, ici appelée l'« humanité ». « corruption » (l. 7), « vice » (l. 6), derrière le « masque » de la vertu, voilà le tableau général : l'habileté de Musset consiste à rendre crédibles ce pessimisme et cette condamnation sans appel en les prêtant à un héros jeune, intransigeant et primitivement pur lui-même. On songe aux jeunes gens de Balzac, qui font l'apprentissage de la noirceur humaine à mesure qu'ils découvrent la société parisienne.

Il est intéressant d'observer que ce thème de la déception face à l'Humanité est constamment lié, par le jeu des images, à celui de la déception face à la femme. Or, ceci est à rapprocher d'un fait de société caractéristique du XIXe siècle : le jeune bourgeois est souvent initié à l'amour physique par une prostituée. D'un côté, ce jeune bourgeois a rêvé l'Amour et la pure jeune fille à travers les livres ; de l'autre, il découvre la réalité sexuelle, liée à l'argent et à un certain sordide. Il est frappant de retrouver ce schéma dans l'expérience où Lorenzo se confronte à l'« humanité » personnifiée. Il l'observe en espérant toujours que « quelque chose d'honnête » (l. 28-29) va se montrer sur la face de sa « fiancée » (l. 30). En fait, l'humanité, pareille à la prostituée, révèle crûment à la fois sa nudité et sa déchéance.

À la laideur de l'humanité se rattache le thème du monstre et du monstrueux. Lorenzo croyait d'abord que les êtres corrompus étaient comparables à des monstres (l. 8), c'est-à-dire représentaient l'anormalité absolue. Or, il découvre que le fond même de l'Humanité mise à

---

1. Prosopopée : procédé oratoire qui consiste à personnifier une entité (la Liberté, la Justice) et à lui faire tenir un discours fictif.

nue, c'est cette monstruosité même (« monstrueuse nudité », l. 14-15).

De ce thème, on rapprochera l'image de Satan, chère à la littérature romantique : Lorenzo, parce qu'il s'est très consciemment enfoncé dans le Mal, de pur qu'il était, se demande s'il n'est pas devenu le monstre moral absolu, l'Ange déchu : « Suis-je un Satan ? » (l. 1). À cet égard, on notera que Musset sacrifie à une certaine emphase romantique : le héros s'identifie (même interrogativement) à une figure hautement mythique, qui le dote d'une destinée de Grand Maudit.

■■■■ CONCLUSION

Cet extrait s'adresse prioritairement à la sensibilité du spectateur, qui doit tomber sous le charme d'une éloquence si imagée. Nous avons là un exemple de la célèbre facilité de Musset à séduire avant tout par la grâce verbale.

Il est d'autre part évident que l'auteur a nourri cette confession de sa propre vision de la société : on retrouve le pessimisme de Musset face à toute action politique, son mépris pour les « intellectuels » verbeux comme pour l'esprit bourgeois.

Surtout, notre passage place Lorenzo en coïncidence parfaite avec son créateur, quand correspondent découverte de la vérité et initiation à la laideur de « l'Humanité ». Lorsqu'on songe que les penseurs idéalistes des années 1830 (Pierre Leroux, George Sand) vouaient un culte à cette même « Humanité », on mesure mieux la tonalité désenchantée et presque sarcastique de cette tirade.

6 Extrait de l'acte III, scène 3

LORENZO. – Tu me demandes pourquoi je tue Alexandre ? Veux-tu donc que je m'empoisonne, ou que je saute dans l'Arno ? veux-tu donc que je sois un spectre, et qu'en frappant sur ce squelette... *(Il frappe sa poitrine)* il n'en sorte aucun son ? Si je suis l'ombre de moi-même, veux-tu donc que je rompe le seul fil qui rattache aujourd'hui mon cœur à quelques fibres de mon cœur d'autrefois ? Songes-tu que ce meurtre, c'est tout ce qui me reste de ma vertu ? Songes-tu que je glisse depuis deux ans sur un rocher taillé à pic, et que ce meurtre est le seul brin d'herbe où j'aie pu cramponner mes ongles ? Crois-tu donc que je n'aie plus d'orgueil, parce que je n'ai plus de honte, et veux-tu que je laisse mourir en silence l'énigme de ma vie ? Oui, cela est certain, si je pouvais revenir à la vertu, si mon apprentissage du vice pouvait s'évanouir, j'épargnerais peut-être ce conducteur de bœufs – mais j'aime le vin, le jeu et les filles, comprends-tu cela ? Si tu honores en moi quelque chose, toi qui me parles, c'est mon meurtre que tu honores, peut-être justement parce que tu ne le ferais pas. Voilà assez longtemps, vois-tu, que les républicains me couvrent de boue et d'infamie ; voilà assez longtemps que les oreilles me tintent, et que l'exécration des hommes empoisonne le pain que je mâche. J'en ai assez de me voir conspué par des lâches sans nom, qui m'accablent d'injures pour se dispenser de m'assommer, comme ils le devraient. J'en ai assez d'entendre brailler en plein vent le bavardage humain ; il faut que le monde sache un peu qui je suis, et qui il est. Dieu merci, c'est peut-être demain que je tue Alexandre ; dans deux jours

j'aurai fini. Ceux qui tournent autour de moi avec des yeux louches, comme autour d'une curiosité monstrueuse apportée d'Amérique, pourront satisfaire leur gosier, et vider leur sac à paroles. Que les hommes me
35 comprennent ou non, qu'ils agissent ou n'agissent pas, j'aurai dit tout ce que j'ai à dire; je leur ferai tailler leurs plumes, si je ne leur fais pas nettoyer leurs piques, et l'Humanité gardera sur sa joue le soufflet de mon épée marquée en traits de sang.

LECTURE MÉTHODIQUE

INTRODUCTION

Dans cette tirade, qui se situe à la fin de la longue scène 3 de l'acte III, où Lorenzo se dévoile à Philippe Strozzi, nous atteignons le cœur de sa confession.

Apparaissent ici les mobiles profonds qui poussent le héros au meurtre d'Alexandre : il est naturel de les analyser dans un premier temps de notre étude.

C'est aussi l'occasion pour Musset de jouer à fond de la complexité et de la singularité propres à son héros : il est tentant à cet égard de voir en Lorenzo une version exacerbée du héros romantique.

Intéressons-nous enfin aux procédés du discours visant ici à convaincre Philippe : il mobilise à la fois la force de la rhétorique et l'originalité d'images poétiques.

1. LES MOBILES DE LORENZO

Le premier mobile du meurtre : retrouver le Lorenzo véritable

Le mobile principal qui pousse Lorenzo au meurtre d'Alexandre est nettement exprimé aux lignes 8-9 : « Songes-tu que ce meurtre, c'est tout ce qui me reste de ma vertu ? ». Il faut entendre que, pour Lorenzo, tuer Alexandre est le seul moyen de s'assurer que son rôle de courtisan débauché n'a bien été qu'un rôle. Au fond de lui subsiste cette « vertu » héritée de l'enfance, et la haine du vice dont il a pris le masque. En supprimant Alexandre, incarnation de la débauche, mauvais génie qui l'a initié à tous les vices, Lorenzo sera justifié à ses propres yeux d'avoir été le compagnon servile du duc.

Il apparaît donc que la véritable quête de Lorenzo est celle de l'unité de son être : il veut vérifier qu'il y a continuité et identité entre le pur Lorenzo de jadis et celui d'aujourd'hui. Voilà pourquoi il faut être attentif à l'image du « fil » qui, précise le héros, « rattache aujourd'hui [son] cœur à quelques fibres de [son] cœur d'autrefois » (l. 7-8). Ce « fil » n'est autre que le meurtre, pur instrument, pour Lorenzo, de la continuité de son Moi.

D'où la logique de la supposition faite ensuite par Lorenzo : s'il pouvait « redevenir vertueux » sans recourir à ce meurtre, il épargnerait sans doute Alexandre. Musset ne pouvait pas mieux souligner que le meurtre n'a pas pour Lorenzo de mobile politique : il n'a de sens que par rapport à l'histoire psychique du futur meurtrier.

L'importance de l'image du spectre

Lorenzo refuse de se reconnaître dans l'homme qu'il est devenu, « lendemain d'orgie ambulant », comme l'appelle Alexandre ! Il se voit, s'il continue, devenir « spectre » et « ombre » de lui-même (l. 4-5), véritable mort-vivant, comme l'insinue l'allusion à son squelette, auquel paraît se réduire sa personne physique (l. 4). Ici, observons un curieux paradoxe : on s'attendrait à ce que le spectre, ce soit le fantôme du Lorenzo d'autrefois, apparaissant au Lorenzo actuel, comme il apparaît d'ailleurs à sa mère à la scène 4 de l'acte II. Or, c'est le Lorenzo d'aujourd'hui qui est ici traité en termes de fantôme, justement parce que Lorenzo refuse la réalité de son être actuel. L'image est donc purement subjective. À travers elle, Musset fait poétiquement entendre que le héros frôle la schizophrénie, puisqu'il se voit sous la forme d'un double vaguement macabre (*cf.* « squelette »).

Le deuxième mobile du meurtre : faire parler de soi

Lorenzo désire modifier radicalement l'image que les autres ont de lui, et se dépouiller, d'un coup, de cette réputation de lâcheté attachée à son nom. Nous touchons là à une problématique que Musset hérite de Jean-Jacques Rousseau : comment puis-je me dégager de cette image que les autres ont de moi, et dont j'ai l'intime conviction qu'elle est fausse ?

On s'attendrait à ce que Lorenzo espère, des suites de l'assassinat d'un tyran détesté, la reconnaissance et l'estime publiques. Pas du tout. Et c'est justement là qu'éclate l'originalité de Musset. Il a imaginé un héros parfaitement lucide sur les conséquences de son acte : Lorenzo sait que le meurtre d'Alexandre ne fera pas avancer la cause de la liberté, parce que les hommes sont lâches, passifs et incapables de se mobiliser quand il le faut. Les Florentins se contenteront donc de s'étonner verbalement sur le cas Lorenzo : ils « pourront satisfaire leur gosier, et vider leur sac à paroles » (l. 33-34). L'expression, péjorative à l'extrême, fait entendre que Lorenzo n'espère peut-être qu'époustoufler les médiocres, sidérer par son audace le peuple-spectateur, et non acteur, de l'Histoire...

Il est vrai aussi qu'il fait allusion à ceux qui, à défaut de « nettoyer leurs piques » (c'est-à-dire de préparer une insurrection) pourront « tailler leurs plumes » (l. 36-37) : évidemment, il songe ici aux chroniqueurs de l'avenir, aux historiens de Florence, qui épilogueront indéfiniment sur Lorenzo de Médicis et sur l'étrangeté de sa destinée. Nous voici ramenés à la fascination de Lorenzo pour les grands hommes peints par Plutarque, son historien de prédilection (*cf.* Explication ci-dessus, p. 30). Il sait qu'un jour viendra où, en bien comme en mal, on écrira sur lui, et que c'est peut-être cela qu'on appelle « entrer dans l'Histoire ». On voit la belle circularité que Musset a suggérée dans la destinée de son héros : Lorenzo a puisé dans sa lecture des historiens romains l'obsession de devenir un nouveau Brutus, l'assassin de César, et il n'aura d'autre gloire que d'inspirer à son tour les historiens de l'avenir, en mal de singularité humaine...

2. UNE VERSION EXACERBÉE DU HÉROS ROMANTIQUE

Lorenzo, ou la complexité paradoxale

Le héros romantique analyse volontiers sa complexité, qui peut aller jusqu'au paradoxe, à la contradiction interne : le René de Chateaubriand aspire à la fois à l'amour terrestre et à l'infini ; Julien Sorel, héros de *Le Rouge et le Noir*, est un ambitieux qui ne croit pas à l'ambition.

Quant à Lorenzo, il est si bien englué dans le rôle du débauché que le masque et la vérité en viennent à se confondre. D'un côté, il apparaît que le vice est bien en lui, puisqu'il affirme à Philippe : « J'aime le vin, le jeu et les filles » (l. 17-18). Il insiste, pour convaincre Philippe, qui doute : « comprends-tu cela ? ». La débauche est devenue la seconde nature de Lorenzo. D'un autre côté, le fait même que Lorenzo s'analyse ainsi et s'épouvante de ce qu'il est devenu prouve qu'il y a toute une part de lui-même qui refuse de s'identifier à ce vil Lorenzo.

Voilà pourquoi Musset a distingué et opposé les notions d'orgueil et de honte, pour faire saisir cet état moral si complexe : « Crois-tu donc que je n'aie plus d'orgueil, parce que je n'ai plus de honte ? », s'écrie Lorenzo (l. 12-13). Il n'a plus de « honte » à agir bassement, parce qu'il fait fi de la morale tout à fait sciemment ; mais il a encore de « l'orgueil », parce que le mépris où tous le tiennent lui est tout de même insupportable.

D'autre part, il y a paradoxe dans la nostalgie de vertu qui habite Lorenzo, justement parce qu'elle s'associe obsessionnellement au meurtre. L'équivalence : meurtre = retour à la vertu est nettement posée (l. 15). Lorenzo est donc ce beau paradoxe vivant pour qui l'aspiration à la vertu se confond dangereusement avec l'aspiration au crime (supposé purificateur).

Le goût des solutions extrêmes

Le goût des solutions extrêmes caractérise entre tous le héros romantique ; parmi ces solutions, le suicide figure en première place. C'est au suicide que songe René ; et le jeune Werther, héros du roman de Goethe, se donne la mort faute d'avoir pu obtenir une femme interdite. Ici Lorenzo n'envisage que deux solutions : tuer Alexandre, ou alors se tuer lui-même.

« Veux-tu que je m'empoisonne ou que je saute dans l'Arno ? » (l. 2-3). Il faut noter le ton dramatique et emphatique de l'expression (usage de la question oratoire, fausse question) ; à cela s'ajoute le côté spectaculaire d'un suicide qui consisterait à « sauter dans l'Arno », fleuve célèbre qui traverse Florence, et où Lorenzo irait s'abîmer comme dans un tombeau singulier et digne de lui.

Ce n'est pas tant le suicide lui-même qui est un geste romantique, que son évocation complaisante par le sujet, ce dernier y voyant, comme ici, une issue possible à un drame intérieur exceptionnel. Voilà pourquoi il faut maintenant traiter du sentiment romantique de la singularité du Moi.

Le sentiment d'être un individu hors normes

Ce sentiment, romantique par excellence, est porté au suprême degré par Lorenzo. Il se traduit par la certitude d'avoir un destin méritant de retenir l'attention de tous : « Veux-tu que je laisse mourir en silence l'énigme de ma vie ? » (l. 13-14). Est implicite dans cette interrogation l'idée que Lorenzo est doué d'une destinée mystérieuse et unique à la fois. On remarque une personnification discrète de cette « énigme », qui ne doit pas « mourir en silence » : voilà qui contribue encore à faire de cette destinée une réalité autonome, bien différente d'une vie banale.

De là, il est inévitable de passer à un égocentrisme exacerbé, qui met à parité le Moi et le reste du monde. C'est exactement ce qu'implique l'expression : « il faut que le monde sache un peu qui je suis, et qui il est » (l. 28-29). Par le meurtre, Lorenzo va montrer qu'il n'est pas lâche, et que les hommes, qui ne réagiront pas, eux le sont. Ceci est sans doute lucide, mais ce sont surtout le ton impérieux (« il faut que ») et l'orgueil démesuré qui nous frappent. En effet, la phrase de Lorenzo place sur le même plan (« qui je suis et qui il est ») deux conséquences d'inégale importance : la connaissance de la vérité de Lorenzo et celle de la vérité... du monde, de toute l'humanité.

S'apparentant à cet égocentrisme, il faut signaler le sentiment, si romantique, d'être incompris des autres ; c'est bien ce que suggère ce début de phrase : « Que les hommes me comprennent ou non... » (l. 34-35). Voué, peut-être jusqu'à la fin, à la fatalité de l'incompréhension, le héros s'enivre avec orgueil de cette singularité qui le place au-dessus des normes de l'humanité moyenne.

3. PROCÉDÉS RHÉTORIQUES ET POÉTIQUES

La véhémence oratoire

Par son discours, Lorenzo vise à convaincre le destinataire, Philippe Strozzi, que le meurtre d'Alexandre est l'unique issue possible à son drame intérieur. Musset, dans cette tirade, use abondamment des procédés oratoires qui, dans la tradition héritée de la rhétorique latine, renforcent l'expressivité et la véhémence. Nous observons ici l'emploi insistant de deux de ces procédés : l'anaphore, et l'interrogation dite « oratoire ». L'anaphore consiste à reprendre, en tête de phrase, un mot ou une expression. La répétition même suggère l'élan et la volonté de convaincre en accumulant argument sur argument. Dans l'interrogation oratoire, le locuteur use de la forme interrogative, mais n'attend pas de réponse du destinataire : c'est un artifice bien connu, visant à imposer à l'attention une idée.

Nous constatons que Musset a ici plusieurs fois combiné les deux procédés. Par exemple : « Veux-tu donc que je m'empoisonne [...] » (l. 2) ; « veux-tu donc que je sois un spectre [...] » (l. 3) ; « veux-tu donc que je rompe [...] » (l. 6). L'effet rhétorique consiste à faire de Philippe, qui est ici apostrophé trois fois, une sorte d'arbitre de la destinée de Lorenzo. Autre exemple : « Songes-tu que ce meurtre [...] » (l. 8) ; « Songes-tu que je glisse [...] » (l. 9). L'interrogation est l'équivalent d'un impératif, et l'anaphore est là pour marteler l'idée-clé du passage : le meurtre est l'unique voie de salut moral pour Lorenzo. Il est enfin facile de repérer deux autres anaphores : « J'en ai assez de [...] » (l. 24 et 27) ; « Voilà assez longtemps que... » (l. 21 et 23).

Des formules frappantes

Voilà encore une caractéristique du discours oratoire, héritée de la littérature latine. Il s'agit de scander le propos de formules ramassées, où la pensée se condense en oppositions de mots. Ici, l'orgueil fou de Lorenzo se lit dans la formule : « Il faut que le monde sache un peu *qui je suis*, et *qui il est* ». L'équivalence du *je* et du monde est exprimée par le parallélisme syntaxique avec opposition *je/il*.

Le procédé peut faire jouer deux expressions imagées et symétriques : « je leur ferai *tailler leurs plumes*, si je ne leur fais pas *nettoyer leurs piques* ». « Tailler leurs plumes » : périphrase imagée pour signifier « écrire », et périphrase dévalorisante parce qu'elle ramène l'inspiration à des préparatifs matériels et scolaires. « Nettoyer leurs piques » : périphrase, volontairement triviale, pour dire « prendre les armes ». On voit bien ici comment Musset a concrétisé l'opposition discours stérile/ action ; de plus, il glisse dans la formule de malicieuses allitérations en [t] et [p] (*t*ailler - ne*tt*oyer ; *p*lumes - *p*iques) qui lui donnent un relief sonore.

L'originalité des images

Dans l'ensemble de cette scène 3, les images (métaphores et comparaisons) sont particulièrement nombreuses. Ici, nous comprenons pourquoi Musset les a multipliées : parce que Lorenzo exprime un état psychologique complexe, et que le spectateur de théâtre n'a que faire d'une analyse de notions ; des images permettent justement de concrétiser le propos, de contourner le péril de l'abstraction.

Par exemple, voici comment est imagée l'existence de Lorenzo depuis qu'il s'est enfoncé dans la débauche : « un rocher taillé à pic » ; le meurtre étant « le seul brin d'herbe où j'aie pu cramponner mes ongles », précise le héros. Musset reprend ainsi, pour le transformer, le cliché de la « pente glissante du vice », que chacun emploie sans plus y voir une image. Pour Lorenzo, la pente est si glissante qu'elle devient paroi verticale ! Ensuite, la métaphore se poursuit et s'enrichit de nouveaux éléments : c'est ce qu'on appelle une métaphore filée. Le « brin d'herbe » où « cramponner » ses ongles suggère un contexte d'ascension périlleuse en montagne. L'expression même « cramponner [ses] ongles » est une image dynamique qui nous permet de visualiser l'effort désespéré de Lorenzo pour s'accrocher à cette idée de meurtre, afin de ne pas chuter jusqu'au fond du mépris de soi.

Deuxième exemple : l'idée de meurtre est pour Lorenzo « le seul fil qui rattache aujourd'hui [son] cœur à quelques fibres de [son] cœur d'autrefois » (l. 6 à 8). Parler des « fibres du cœur » pour désigner les sentiments les plus intimes est monnaie courante dans la littérature romantique. Là encore, Musset réutilise et enrichit l'image d'une manière originale, en faisant du meurtre le « fil » qui prolonge les « fibres » (avec écho sonore entre les deux mots). Et l'image du fil suggère admirablement le lien fragile et secret (un fil est presque invisible) qui rattache le Lorenzo d'aujourd'hui au Lorenzo d'autrefois.

CONCLUSION

Ce passage est caractéristique du génie de Musset à fouiller la psychologie de Lorenzo, pour que le meurtre apparaisse comme totalement déterminé par une nécessité intérieure au personnage. C'est évidemment un passage où Musset ne doit rien aux chroniqueurs florentins qui peignent de l'extérieur le Lorenzo historique.

Les résonances philosophiques de la scène sont étrangement modernes : on peut voir en Lorenzo, dans la perspective de la philosophie existentialiste, un homme qui cherche désespérément à justifier son existence et à poser son essence dans un acte, le meurtre, par lequel il veut s'accomplir.

7 Extrait de l'acte III, scène 6

LA MARQUISE. – Ah ! je m'emporte, je dis ce que je ne veux pas dire. Mon ami, qui ne sait pas que tu es brave ? Tu es brave comme tu es beau. Ce que tu as fait de mal, c'est ta jeunesse, c'est ta tête – que sais-je, moi ? c'est le sang qui coule violemment dans ces veines brûlantes, c'est ce soleil étouffant qui nous pèse. – Je t'en supplie, que je ne sois pas perdue sans ressource ; que mon nom, que mon pauvre amour pour toi ne soit pas inscrit sur une liste infâme. Je suis une femme, c'est vrai, et si la beauté est tout pour les femmes, bien d'autres valent mieux que moi. Mais n'as-tu rien, dis-moi – dis-moi donc, toi ! voyons ! n'as-tu donc rien, rien là ?

Elle lui frappe le cœur.

LE DUC. – Quel démon ! Assieds-toi donc là, ma petite.

LA MARQUISE. – Eh bien ! oui, je veux bien l'avouer, oui, j'ai de l'ambition, non pas pour moi – mais toi ! toi, et ma chère Florence ! – Ô Dieu ! tu m'es témoin de ce que je souffre !

LE DUC. – Tu souffres ? qu'est-ce que tu as ?

LA MARQUISE. – Non, je ne souffre pas. Écoute ! écoute ! Je vois que tu t'ennuies auprès de moi. Tu comptes les moments, tu détournes la tête – ne t'en va pas encore – c'est peut-être la dernière fois que je te vois. Écoute ! je te dis que Florence t'appelle sa peste nouvelle, et qu'il n'y a pas une chaumière où ton portrait ne soit collé sur les murailles, avec un coup de couteau dans le cœur. Que je sois folle, que tu me haïsses demain, que m'importe ? tu sauras cela.

LE DUC. – Malheur à toi, si tu joues avec ma colère !

LA MARQUISE. – Oui, malheur à moi ! malheur à moi !

COMMENTAIRE COMPOSÉ

INTRODUCTION

Notre extrait se situe presqu'à la fin d'une longue entrevue entre Alexandre et la marquise Cibo : le spectateur sait qu'elle a accepté d'être sa maîtresse, parce qu'elle espère infléchir ainsi la politique brutale menée par le duc.

Le triple objectif qui est le sien à l'égard d'Alexandre est ici très net : excuser la brutalité du duc, le convaincre de changer de politique, l'avertir des dangers qui le menacent.

Le personnage de la marquise domine cet extrait, et frappe par sa complexité. Sans s'en apercevoir, elle aspire à jouer simultanément plusieurs rôles, qui ne sont guère compatibles entre eux : la maîtresse au grand cœur, la patriote exaltée, l'épouse infidèle déchirée par le remords.

Il faut enfin se demander si le pathétique de la scène est absolument pur : plusieurs fois le spectateur a envie de sourire, malgré son émotion. Ne s'agit-il pas d'un pathétique ambigu ?

1. LE TRIPLE OBJECTIF DE LA MARQUISE

Excuser Alexandre

L'amoureuse qu'est la marquise s'obstine à ne pas croire que le duc soit foncièrement mauvais. Elle pose comme une évidence connue de tous la bravoure de son amant : « Qui ne sait pas que tu es brave ? ». La bravoure pourrait expliquer une certaine forme de violence. Or, dans la pièce, le duc apparaît brutal et sans scrupule ; mais nulle part ne se manifeste cette grandeur qu'implique la bravoure.

En fait, tout argument est bon à la marquise, pour alléger la responsabilité de son amant : la jeunesse d'Alexandre (l. 4), sa fougue irrépressible (l. 5) et même l'ardeur du climat (l. 6). L'argument de la jeunesse n'est pas convaincant : Musset n'a pas indiqué l'âge du duc, mais un côté blasé dû à l'expérience de la vie et du pouvoir montre qu'il n'est plus guère un jeune homme dont on pourrait excuser l'irréflexion.

L'argument de la chaleur florentine (« C'est le soleil étouffant qui nous pèse ») prête à sourire, quand on sait la modération du climat de la Toscane, et surtout quand on se rappelle que l'action se déroule en hiver[1]. La marquise parle comma la Phèdre de Racine, qui accuse le soleil implacable de « peser » sur sa destinée. Ne rêve-t-elle pas de faire de son Alexandre un héros de tragédie, jouet de forces qui le dépassent ? Le style imagé et noble qu'elle emploie va dans ce sens, quand elle parle du « sang qui coule violemment dans ces veines brûlantes » (l. 5).

Convaincre Alexandre

La marquise tente un suprême effort pour détourner le duc du despotisme sanglant. On notera l'apostrophe passionnée et exaltée, accompagnée d'un geste (elle lui frappe le cœur, l. 13). Les répétitions appuyées (« dis-moi, dis-moi donc, toi ! voyons !, n'as-tu donc rien, rien là ? ») soulignent la fièvre pathétique de la marquise. À la scène, l'interprète, par son jeu, peut marquer ce qu'a d'émouvant, mais aussi de grandiloquent, cet appel à la sensibilité du duc. Cette exaltation de la marquise, ne va pas sans faire sourire le spectateur, comme on le verra en troisème partie.

Avertir Alexandre

À bout de ressource, la marquise change de ton (l. 21), et met en valeur par trois injonctions (« Écoute », trois fois répété) la gravité de ce qu'elle est en train d'apprendre à

---

[1]. La première parole du duc dans la pièce est : « Il fait un froid de tous les diables ». Allusion est encore faite au carnaval de février, acte I, scène 2.

Alexandre. Elle conclura sur le caractère décisif de son avertissement, en disant : « tu sauras cela ».

Le spectateur sent qu'une vérité importante se dit par la voix de la marquise, qu'il y a quelque chose de prémonitoire dans son propos. En collant sur leurs murs le portrait du duc « avec un coup de couteau dans le cœur », les Florentins opèrent évidemment un meurtre symbolique. Il s'agit là d'un rituel magique et archaïque. On peut lire ici une préfiguration du meurtre réel d'Alexandre, frappé en plein cœur par Lorenzo.

Notons l'habileté de Musset à faire passer jusque dans le boudoir de la marquise, où se déroule cette entrevue, les échos du sentiment populaire des Florentins. Faisons certes la part de l'exagération naturelle à la marquise. Il n'en demeure pas moins que Musset veut faire connaître la haine qui anime le peuple (*cf.* « il n'y a pas une *chaumière* ») contre Alexandre. Ceci vise à rendre plus scandaleux le tour de passe-passe politique du cardinal Cibo (acte V, scène finale), qui aura fait en sorte que le meurtre d'Alexandre ne fasse nullement progresser la liberté à Florence.

2. TROIS RÔLES POUR UN PERSONNAGE

La maîtresse au grand cœur

Nous avons déjà relevé un signe de passion amoureuse chez la marquise : son aveuglement sur la vraie nature du duc, sa propension à tout idéaliser. Musset s'est visiblement plu à écrire pour elle le rôle de la maîtresse au grand cœur. Il a insisté sur sa générosité, qui lui fait rabaisser son amour et son charme pour qu'Alexandre ait au moins pitié de sa faiblesse : « Je suis une femme, c'est vrai » (au sens de « je ne suis qu'une faible femme ») ; « bien d'autres valent mieux que moi » (l. 10). Ce mélange de sincérité éperdue, d'amour, de passion pour une grande cause, est bien digne d'une héroïne du théâtre romantique : on songe à dona Sol, dans *Hernani*, de Hugo.

La patriote exaltée

On sait que l'espoir de la marquise est de concilier son amour pour le duc et son amour pour Florence, ou mieux, de rendre son amour grand et utile, en le faisant contribuer au bien de la patrie. Musset fait donc entrer la marquise dans le rôle de l'égérie[1] du prince : il s'agit, pour cette femme belle et intelligente, d'user de son influence auprès du duc pour lui inspirer des vues politiques.

Ici, la marquise est au moment crucial : sentant qu'elle n'est plus aimée, elle choisit de jouer franc jeu (« je veux bien l'avouer », l. 16) ; elle révèle son aspiration politique (« j'ai de l'ambition »). Mais elle précise aussitôt : « de l'ambition, non pas pour moi – mais toi ! toi, et ma chère Florence ». Elle pose donc l'équivalence entre son amour pour le duc et celui qu'elle porte à sa cité. Dans son exaltation, elle se compte elle-même pour rien, et ce patriotisme généreux n'a pas manqué de toucher le public romantique.

À ce propos, il est à noter que la marquise entre dans la série des personnages de *Lorenzaccio* qui témoignent d'un véritable amour pour Florence, cette ville qui, par son nom seul, se prête à la personnification. Songeons que Tebaldeo disait déjà (*cf.* ci-dessus, p. 18 : « J'aime ma mère et ma maîtresse ») : sa « mère », c'était ainsi qu'il appelait sa cité. Et que de fois Philippe Strozzi apostrophe-t-il Florence, comme une femme belle, déchue parce qu'elle s'est livrée à un tyran, mais toujours digne d'amour (acte II, scène 5). La marquise elle-même, dans le monologue qui clôt la scène 3 de l'acte II, s'adresse elle aussi à Florence, dans une belle invocation qui paraît autant avoir une femme qu'une ville pour destinataire : « Que tu es belle Florence, mais que tu es triste ! ».

On peut proposer une interprétation des rapports que Musset semble avoir suggérés entre Florence et le personnage de la marquise Cibo : la marquise, belle comme Florence, est comme elle triste d'être entre les mains d'un duc sans grandeur et sans pitié ; la marquise est l'image humaine de la cité toscane prestigieuse, orgueilleuse, et momentanément déchue.

---

[1]. Dictionnaire Robert : « conseillère, inspiratrice d'un homme politique ou d'un artiste ».

L'épouse adultère déchirée par la mauvaise conscience

Musset a rendu le personnage complexe, en montrant la marquise tiraillée entre son amour adultère pour Alexandre et son amour non moins sincère pour son mari. De là chez elle un tourment permanent, poussé ici jusqu'à la hantise d'on-ne-sait quel terrible châtiment. C'est ainsi qu'il faut comprendre l'exclamation qu'elle pousse à deux reprises : « Malheur à moi ! » (l. 31). Elle exprime ainsi, dans le style emphatique qui est le sien, le sentiment d'être guettée par la déchéance morale, d'être inscrite sur la « liste infâme ». Cette liste n'est autre que celle des maîtresses successives d'Alexandre, des Florentines indignes.

Il faut préciser que Musset fera sortir la marquise de cette crise, en la faisant revenir, repentante, dans les bras de son époux (acte IV, scène 4). Le personnage est attachant justement parce qu'il est déchiré entre plusieurs rôles, que la marquise joue avec la même sincérité emportée.

3. UN PATHÉTIQUE AMBIGU

Des effets de décalage

Même si la marquise est pétrie de bons sentiments, comment ne pas sourire en voyant avec quelle maladresse elle tente de fléchir son amant ? Elle manque de sens psychologique, car elle débite un flot de paroles sentimentales, alors qu'avec un homme comme le duc, il faudrait sans doute des arguments brefs et positifs. Aussi ce dernier a-t-il beau jeu de la traiter avec condescendance, comme une exaltée qu'il faut avant tout calmer : « Assieds-toi donc là, ma petite » (l. 14). Ce décalage entre deux états d'esprit interdit que la scène soit pleinement tragique. On le retrouve dans la seconde réplique du duc : « Tu souffres ? Qu'est-ce que tu as ? » On dirait qu'il ne comprend pas que cette souffrance est morale, et qu'il reprend machinalement le verbe que la marquise vient d'employer.

On a déjà noté que la marquise emploie le langage de la tragédie classique, alors que la situation exigerait un vocabulaire plus « terre-à-terre » : parler de « veines brûlantes » (l. 5), de femme « perdue sans ressource », de « liste infâme », c'est presque le ton de Phèdre coupable. Musset fait même malicieusement prononcer à la marquise un alexandrin digne de Racine : « Tu comptes les moments, tu détournes la tête » (l. 23).

Un certain tragique

Il existe toutefois dans ce passage un aspect tragique, car il y a dans la marquise une certaine grandeur : elle est réellement prête à s'oublier elle-même pour une cause qui la dépasse. Elle est « sympathique » : étymologiquement, sympathiser c'est « ressentir avec » ; Musset a voulu que le spectateur soit tout entier de son côté, et condamne l'attitude d'Alexandre.

Surtout, elle se montre inspirée et prophétique dans l'avertissement final : le personnage atteint au tragique, parce que sa voix se confond avec celle du destin. Le duc ne voulant justement rien entendre de cette voix, on retrouve un thème tragique par excellence : l'aveuglement fatal.

▰▰▰ CONCLUSION

Bien qu'appartenant à une intrigue secondaire de la pièce, le personnage de la marquise est très fouillé dans ses contrastes. Au départ, le rôle est pourtant fondé sur une idée reçue : la femme mêle trop volontiers sentiment et politique ; de là son charme, mais aussi son inefficacité...

L'ardeur de la marquise colore tout cela d'un romantisme flamboyant : pas d'idéal plus romantique en effet que l'engagement personnel et passionnel en faveur de la Liberté. Si la marquise échoue, c'est parce que la logique pessimiste de la pièce veut que l'action des êtres sincères ne fasse guère progresser le Bien dans l'Histoire.

8 Extrait de l'acte IV, scène 3

LORENZO, *seul*. – De quel tigre a rêvé ma mère enceinte de moi ? Quand je pense que j'ai aimé les fleurs, les prairies et les sonnets de Pétrarque, le spectre de ma jeunesse se lève devant moi en frissonnant. Ô
5 Dieu ! pourquoi ce seul mot : « À ce soir », fait pénétrer jusque dans mes os cette joie brûlante comme un fer rouge ? De quelles entrailles fauves, de quels velus embrassements suis-je donc sorti ? Que m'avait fait cet homme ? Quand je pose ma main là, sur mon cœur, et
10 que je réfléchis, – qui donc m'entendra dire demain : « Je l'ai tué », sans me répondre : « Pourquoi l'as-tu tué ? » Cela est étrange. Il a fait du mal aux autres, mais il m'a fait du bien, du moins à sa manière. Si j'étais resté tranquille au fond de mes solitudes de Cafaggiuolo, il ne
15 serait pas venu m'y chercher, et moi je suis venu le chercher à Florence. Pourquoi cela ? Le spectre de mon père me conduisait-il, comme Oreste, vers un nouvel Égisthe ? M'avait-il offensé alors ? Cela est étrange, et cependant pour cette action j'ai tout quitté. La seule pensée de ce
20 meurtre a fait tomber en poussière les rêves de ma vie ; je n'ai plus été qu'une ruine, dès que ce meurtre, comme un corbeau sinistre, s'est posé sur ma route et m'a appelé à lui. Que veut dire cela ? Tout à l'heure, en passant sur la place, j'ai entendu deux hommes parler d'une
25 comète. Sont-ce bien les battements d'un cœur humain que je sens là, sous les os de ma poitrine ? Ah ! pourquoi cette idée me vient-elle si souvent depuis quelques temps ? – Suis-je le bras de Dieu ? Y a-t-il une nuée au-dessus de ma tête ? Quand j'entrerai dans cette
30 chambre, et que je voudrai tirer mon épée du fourreau, j'ai peur de tirer l'épée flamboyante de l'archange, et de tomber en cendres sur ma proie.

LECTURE MÉTHODIQUE

■ INTRODUCTION

Lorenzo est seul dans une rue de Florence ; tout est en place pour le meurtre d'Alexandre, qui doit avoir lieu le soir même. Lorenzo a donc le temps de méditer avant le geste suprême : plutôt, maintes pensées, apparemment sans ordre, se succèdent dans son esprit.

Il nous faudra d'abord dégager quelques axes dans cette série d'interrogations que formule le personnage monologuant.

Puis, passant sur le plan de la construction psychologique, nous verrons que la complexité du héros s'approfondit, atteignant dans ce passage une dimension métaphysique.

Enfin, sur le plan esthétique, le pouvoir poétique et l'étrange modernité de ce monologue méritent d'être analysés.

■ 1. UNE SÉRIE D'INTERROGATIONS

Il ne faut pas chercher dans ce monologue un ordre rationnel des réflexions, qui mènerait Lorenzo de l'incertitude à la prise de décision, comme il arrive dans le théâtre classique du XVIIe siècle. Ici, nous avons un flux de questions, qui paraissent traverser la conscience du héros ; sur les vingt et une phrases que compte le monologue, treize sont interrogatives. On peut néanmoins distinguer différents axes de la réflexion.

Une interrogation sur l'hérédité et l'origine (l. 1 à 8)

Elle est prédominante dans les quatre premières phrases (jusqu'à « suis-je donc sorti ? »). Il faut bien voir que la question initiale (« De quel tigre a rêvé ma mère enceinte de moi ? ») s'explique par la réaction effarée de Lorenzo face à la « joie brûlante » (l. 6) que déclenche en lui la seule approche du soir fatal : il a le sentiment qu'un instinct profond de cruauté est alors réveillé en lui.

On peut donc reconstituer le cheminement de sa pensée : Lorenzo suppose que cette effrayante férocité lui a été transmise par les rêves de sa mère, avant sa naissance. D'où l'étrange formulation initiale (« De quel tigre... ») ; image inattendue (« tigre » s'applique mal métaphoriquement au faible et pâle Lorenzo), par laquelle Musset nous plonge tout de suite dans le climat psychologique du monologue : l'imagination du héros est menée par l'irrationalité. Il cherche ici à s'expliquer sa propre cruauté par un facteur de prédestination, très improbable pour le spectateur qui connaît la tendre Marie (*cf.* acte II, scène 4), mère de Lorenzo.

Cet effroi face à ce qu'il est aujourd'hui conduit Lorenzo à concevoir malaisément la permanence de son Moi à travers les différentes époques de sa vie. C'est dans ce sens qu'il faut comprendre la deuxième phrase de notre extrait : « Quand je pense que j'ai aimé les fleurs, les prairies et les sonnets de Pétrarque, le spectre de ma jeunesse se lève devant moi en frissonnant ». Lorenzo, toujours hanté, nous le savons (*cf.* explication ci-dessus, p. 43), par l'image de son double, imagine ici en quelque sorte sa jeunesse personnifiée dans le spectre. Et si le spectre « frissonne », c'est d'horreur à la vue du Lorenzo d'aujourd'hui, qui a soif de meurtre. Cette époque de la jeunesse est peinte à travers l'amour de réalités naturelles (les fleurs, les prairies) qui symbolisent la pureté. La mention des sonnets de l'italien Pétrarque, poète du XIVe siècle, renvoie au monde de l'amour idéalisé où baigne cet univers poétique, et donc au tendre idéalisme du jeune Lorenzo.

Cette incertitude sur le Moi est prolongée par l'interrogation sur l'origine et le poids de l'hérédité : « De quelles entrailles fauves, de quels velus embrassements suis-je donc sorti ? ». Nous avons ici la représentation fantasmée de la mère (« entrailles ») et du père (« embrassements »), qui s'associe à l'image d'une sexualité animale. Le refus par Lorenzo de son propre être, de sa cruauté instinctive, le conduit à projeter sur le couple parental l'animalité qu'il s'effraie de découvrir en lui. Musset est proche, ainsi, des futures intuitions de la psychanalyse, qui a souligné le lien entre crise d'identité et fantasmes sur l'origine.

Une interrogation sur le mobile et le sens du meurtre (l. 8 à 16)

Lorenzo se heurte à une énigme psychologique résidant en lui : il ne va pas assouvir une vengeance personnelle en tuant Alexandre, puisque le duc lui « a fait du bien, du moins à sa manière ». D'autre part, il est significatif que tout vrai mobile politique soit absent de ce monologue. Seule demeure cette pulsion étrange qui, semblant relever de l'instinct, prive l'acte de tout sens. Au cœur du monologue retentit la question angoissée portant sur la signification de l'acte et de tout le destin de Lorenzo : « Pourquoi cela ? » (l. 16).

Il est intéressant, sur ce point, de voir comment Lorenzo perçoit l'étrangeté de sa conjonction avec Alexandre. Lorsque Lorenzo vivait en paix dans un village de Toscane (Cafaggiuolo, l. 14), le duc ne marquait à l'égard de son cousin ni intérêt ni hostilité : « et moi, je suis venu le chercher à Florence », précise Lorenzo. Il faut supposer, chez le héros, un obscur mélange de fascination et de répulsion pour cet Alexandre si dissemblable de lui : l'amitié servile, masque de la haine, que lui témoignera Lorenzo est la manifestation de ce sentiment ambivalent.

Une interrogation sur les signes du destin (l. 16 à 32)

Lorenzo rapporte l'origine de sa vocation criminelle à des forces irrationnelles, qui auraient parsemé de signes son destin. La route (l. 22) est ici une métaphore ; elle représente la destinée. Quant au « corbeau sinistre » (l. 22), il est l'image de l'obsession du meurtre ; cette dernière comparaison est audacieuse : en effet, le corbeau représente à la fois le présage (oiseau noir de mauvais augure) et le meurtre lui-même (« ce meurtre, *comme* un corbeau »), doué par là d'une inquiétante autonomie, échappant à la volonté.

De même, parce que Lorenzo a entendu fortuitement, dans une conversation, le mot « comète », on devine qu'il s'interroge (l. 25-29) : il faut comprendre qu'il attend sans doute que l'apparition d'un astre soit le signe céleste exceptionnel accompagnant son geste. On songe alors au phénomène de même nature censé avoir coïncidé avec l'assassinat de Jules César, par ce fameux Brutus qui fascine Lorenzo.

Une interrogation sur les figures du mythe

Observons maintenant les références à des figures d'ordre légendaire, mythique ou sacré. Voici d'abord une comparaison du destin de Lorenzo et de celui d'Oreste (l. 17), qui est le héros tragique grec par excellence. Il se fait le vengeur du meurtre de son père Agamemnon, en assassinant l'infâme Égisthe[1] (*cf.* l. 17).

L'autre assimilation, sur laquelle s'interroge Lorenzo, ferait de lui un envoyé de Dieu (l. 28) ; ceci trouve confirmation dans l'image finale de l'archange à l'épée de feu (l. 31, image empruntée à la Bible) : on songe à saint Michel, archange brandissant son épée contre les forces du Mal.

Ces références seront commentées plus loin. Notons simplement que Lorenzo s'interroge sur les modèles prestigieux qui pourraient donner un sens et une justification à un acte incompréhensible sur le simple plan humain.

2. UNE COMPLEXITÉ MÉTAPHYSIQUE

Un héros monstrueux ou divin ?

Déjà, dans la grande scène de confession à Philippe Strozzi (III, 3), le personnage de Lorenzo révèle une part de sa complexité : le masque du vice lui colle au visage et l'on

---

1. Rappelons que, selon la légende grecque, le roi Agamemnon, père d'Oreste, avait été assassiné par sa femme Clytemnestre, avec l'aide de son amant Égisthe.

ne sait plus quel est le « vrai » Lorenzo. Ici, ce principe de complexité franchit un degré supplémentaire : Lorenzo ne se reconnaît plus lui-même dans le meurtrier qui va passer à l'acte, alors que le meurtre d'Alexandre a justement été le but de sa vie.

Cette difficulté d'identité se marque ici par la succession des images de lui-même que Lorenzo fait défiler, à titre interrogatif : le monstre (tigre humain assoiffé de sang, l. 1) ; l'être passif, pour jouet du destin (« je n'ai plus été qu'une *ruine* », l. 21) ; l'être de nature divine (« bras de Dieu », l. 28) ; l'archange (l. 31). On voit que Musset a porté cette complexité sur un plan métaphysique : le héros, quand il s'interroge sur lui-même, s'interroge sur l'infra et le supra-humain ; il hésite entre l'assimilation au monstrueux et l'identification exaltée au divin. Les romantiques (*cf.* V. Hugo) peignent volontiers le héros déchiré entre ces deux pôles qui coexistent en lui.

Un nouvel Hamlet

Une allusion importante doit nous retenir : Lorenzo se demande s'il n'a pas été poussé au meurtre par « le spectre » de son père, « comme Oreste » (l. 17). Or, l'apparition du spectre du père ne figure pas dans la tragédie grecque, mais dans *Hamlet* de Shakespeare, où il incite le jeune prince à tuer son beau-père. Par cette assimilation des deux figures d'Oreste et d'Hamlet, Musset veut montrer qu'il apparente sa pièce aux deux moments de l'histoire du théâtre que les romantiques tiennent pour suprêmes : la tragédie grecque et le drame shakespearien.

À Hamlet, notamment, le personnage de Lorenzo doit ici beaucoup : il lui doit ce doute perpétuel sur lui-même, sur la validité de son action, et même de toute action humaine. Comme Hamlet, Lorenzo est étranger à lui-même. Chacun connaît le « Être ou ne pas être, voilà la question » ; ici, comme dans le célèbre monologue d'Hamlet qui débute par ces mots, nous avons une conscience angoissée qui, à travers son expérience particulière, suscite chez le spectateur des interrogations philosophiques : pourquoi chez l'homme la pensée tend-elle à paralyser l'action ?

3. POÉSIE ET MODERNITÉ D'UN MONOLOGUE

Le pouvoir poétique du texte

De ce monologue émane un étrange pouvoir poétique, parce que les frontières sont brouillées entre le vécu et le rêvé, le rationnel et l'irrationnel. Comme dans la pensée primitive, les représentations abstraites deviennent des forces concrètes et agissantes. Quand nous lisons : « le spectre de ma jeunesse se lève devant moi en frissonnant », nous voyons bien que, pour Lorenzo, la jeunesse est ici une apparition douée d'autonomie (« se lève ») et de sensibilité (« en frissonnant »). On écoutera les allitérations en [s], qui font bruire cette présence mystérieuse du passé jusque dans le présent.

Nous pouvons avoir affaire aussi à une métaphore filée, qui court sur plusieurs expressions. Par exemple, les rêves de jeunesse sont implicitement assimilés à un édifice, que l'idée de meurtre « fait tomber en poussière » (l. 20); l'image est poursuivie par l'évocation de la ruine : « je n'ai plus été qu'une ruine » (l. 21).

La destinée est une route et le meurtre un « corbeau sinistre » qui s'y pose (l. 22) : l'image est hardie, elle dessine un paysage symbolique ; elle n'est pas faite pour surprendre un familier du théâtre de Shakespeare. Le mythe final de Lorenzo-archange nous transporte, quant à lui, dans le registre de l'épopée sacrée, dans l'univers de la Bible. D'ailleurs, l'évocation de la nuée au-dessus de la tête est elle-même biblique : dans le livre de l'Exode[1], c'est une nuée qui guide les Hébreux dans le désert.

Cette fusion de la politique florentine et du merveilleux mythique est une création de Musset poète. Dans la dernière phrase (« Quand j'entrerai dans cette chambre »), la plus longue et la plus vibrante du monologue, le rythme va s'élargissant dans les trois premiers segments, encadrés par des virgules : 8, 13 et 14 syllabes. Puis, le dernier segment consacre la chute après l'exaltation, et forme,

---

1. Titre d'un livre de la Bible, racontant l'émigration des Hébreux hors d'Égypte.

rythmiquement, une saisissante retombée : 10 syllabes (« et de tomber en cendres sur ma proie »). Cela montre la grande maîtrise rhétorique de Musset, aussi à l'aise dans la longue phrase lyrique que dans les brèves interrogations nerveuses qui parsèment le monologue.

Une étonnante modernité

Il faut souligner à quel point Musset dans ce monologue est en avance sur l'esthétique de son temps. Le spectateur a le sentiment d'entendre une conscience se parler à elle-même, suivant une logique toute subjective. Nous assistons au cheminement de la réflexion, qui par exemple revient en arrière pour essayer de comprendre le présent (l. 1-8). La conscience se prend pour objet en s'interrogeant sur l'origine d'une idée obsédante (« pourquoi cette idée [...] », l. 26-27).

Voilà donc un personnage qui, dans son soliloque, se débat avec lui-même, comme ce sera le cas avec les personnages de Ionesco ou de Beckett. Certes, Musset laisse intacte une certaine logique, que nous avons dégagée plus haut. Mais le discours, qui paraît épouser le cours imprévu de la pensée, rend un son authentique et neuf.

CONCLUSION

Dans ce monologue, qui n'a pas d'incidence sur l'action, Musset a pour objet d'approfondir la complexité de son personnage. Voilà parachevé le dédoublement de Lorenzo : d'un côté il y a l'être d'impulsion qui va effectivement agir ; de l'autre, un Lorenzo frère de l'Hamlet de Shakespeare, qui s'interroge impitoyablement sur la finalité et le sens de ses actes.

En vrai dramaturge, Musset nous interdit de nous interroger en termes de bien ou de mal sur son héros : Lorenzo incarne ici la tension entre la puissance de l'instinct et l'acuité de la conscience, qui fait toute la complexité humaine.

9 Extrait de l'acte IV, scène 11

LE DUC, *seul*. – Faire la cour à une femme qui vous répond « oui » lorsqu'on lui demande « oui ou non », cela m'a toujours paru très sot, et tout à fait digne d'un Français. Aujourd'hui surtout que j'ai soupé comme trois moines, je serais incapable de dire seulement : « Mon cœur, ou mes chères entrailles », à l'infante d'Espagne. Je veux faire semblant de dormir ; ce sera peut-être cavalier, mais ce sera commode.

Il se couche. – Lorenzo rentre l'épée à la main.

LORENZO. – Dormez-vous, Seigneur ?

Il le frappe.

LE DUC. – C'est toi, Renzo ?

LORENZO. – Seigneur, n'en doutez pas.

Il le frappe de nouveau. – Entre Scoronconcolo.

SCORONCONCOLO. – Est-ce fait ?

LORENZO. – Regarde, il m'a mordu au doigt. Je garderai jusqu'à la mort cette bague sanglante, inestimable diamant.

SCORONCONCOLO. – Ah ! mon Dieu ! c'est le duc de Florence.

LORENZO, *s'asseyant sur le bord de la fenêtre*. – Que la nuit est belle ! Que l'air du ciel est pur ! Respire, respire, cœur navré de joie !

SCORONCONCOLO. – Viens, maître, nous en avons trop fait ; sauvons-nous.

LORENZO. – Que le vent du soir est doux et embaumé ! Comme les fleurs des prairies s'entrouvent ! Ô nature magnifique, ô éternel repos !

SCORONCONCOLO. – Le vent va glacer sur votre visage
30 la sueur qui en découle. Venez, Seigneur.

LORENZO. – Ah ! Dieu de bonté ! quel moment !

SCORONCONCOLO, *à part*. – Son âme se dilate singulièrement. Quant à moi, je prendrai les devants.

Il veut sortir.

COMMENTAIRE COMPOSÉ

■ INTRODUCTION

Voici une scène capitale pour l'action, puisque Lorenzaccio y accomplit le meurtre du duc, projet qui, nous le savons, constituait son idée fixe (*cf.* Explication, p. 45).

Outre Lorenzo, deux personnages figurent ici, et peuvent offrir deux axes successifs d'étude : Scoronconcolo d'abord, auxiliaire de Lorenzo sur le plan de l'action, mais simple faire-valoir de celui-ci sur le plan psychologique ; Alexandre ensuite, le duc de Florence, qui n'a qu'un rôle passif de victime, à la fois tragique et sans grandeur.

Il convient ensuite d'étudier le meurtre lui-même et la stylisation que Musset lui a fait subir en l'épurant de tout réalisme mélodramatique ; la dimension symbolique en est au contraire accusée.

Reste à s'interroger sur le personnage de Lorenzo, et notamment sur l'étrange joie, l'extase même, qui s'empare de lui, le meurtre une fois accompli, et le fait s'exprimer comme un poète lyrique.

■ 1. SCORONCONCOLO, FAIRE-VALOIR DE LORENZO

Qui est Scoronconcolo ? L'homme de main avec qui Lorenzo s'est exercé à l'épée (III, 1) dans la chambre même du futur meurtre. Il sait que Lorenzo doit tuer un ennemi personnel, mais il ignore qu'il s'agit du duc de Florence ; d'où sa stupeur quand il s'en aperçoit (l. 19-20).

Sa présence dans la scène a surtout pour fonction de mettre en relief, par contraste, la joie surnaturelle qui s'empare de Lorenzo après le meurtre. Car sa réaction à lui est platement réaliste : effrayé, il songe à fuir (l. 25) ; quand Lorenzo en sueur s'attarde, extasié, devant la fenêtre ouverte, Scoronconcolo, involontairement comique, le met en garde contre le risque d'un chaud-et-froid (l. 30). On voit que Musset a utilisé ce personnage sommaire et plat comme faire-valoir d'un Lorenzo lyrique.

2. LE DUC DE FLORENCE, VICTIME TRAGIQUE MAIS SANS GRANDEUR

Jusque dans cette dernière scène, Musset a maintenu le duc fidèle à son image de séducteur grossier. Il apprécie, dans ses conquêtes, les procédés « commodes », même s'ils sont « cavaliers » (l. 8). Ainsi, faire semblant de dormir pour ne pas perdre de temps à complimenter la belle qui va le rejoindre au lit. Musset a peint ici le duc en caricature de lui-même. « J'ai soupé comme trois moines », s'exclame Alexandre, épais jouisseur, qui aime pimenter d'impiété, nous le savons, tous ses plaisirs.

À cet égard, il est significatif que Musset ait, avec insistance, fait parler à Alexandre le langage de l'impiété tout au long de la pièce. Dès sa première apparition (I, 1), il jure et blasphème à plaisir (*cf.* ci-dessus, p. 3). Nous avons appris (acte I, scène 4) que lors d'un bal masqué, il s'était déguisé en religieuse. Par tous ces traits d'impiété, alliés à sa frénésie de conquêtes féminines, le duc fait songer au don Juan de Molière.

Mais souvenons-nous que le don Juan de Molière, lui aussi impie, affrontait la mort les yeux ouverts ; Alexandre la reçoit les yeux fermés, en faisant semblant de dormir. La comparaison montre assez que Musset refuse à Alexandre la grandeur que Molière a accordée, finalement, à son héros.

D'autre part, le thème de l'aveuglement tragique, attaché dès le début au duc, est ici habilement mené à terme. En disant « Je veux faire semblant de dormir », Alexandre résume son destin : malgré les avertissements, il n'a eu de cesse de fermer les yeux sur la conduite de Lorenzo. Il va trouver la mort dans le lit qu'il croit préparé pour l'amour, méprise en elle-même tragique. Musset a fait du duc une victime de son appétit de vie, que lui envie un Lorenzo fasciné par la mort.

3. STYLISATION ET SYMBOLISME

Le souci de stylisation

Musset a représenté sur scène un assassinat. Le drame shakespearien le permettait, mais la tradition classique française l'a interdit ensuite au nom de la bienséance (même lorsqu'il s'agit de mort naturelle, on meurt en coulisses). Pour apprécier le traitement scénique de cet assassinat, il faut aussi se souvenir que Musset s'est inspiré des chroniqueurs florentins, et notamment de Varchi. Celui-ci a peint la folie furieuse de Lorenzo s'acharnant sur le duc, qui en se débattant l'oblige à frapper plusieurs fois ; des gardes se précipitent, de tous côtés on se bat et on vocifère. Au contraire, Musset a voulu un meurtre épuré, stylisé, débarrassé de tout réalisme inutile à la signification : le drame romantique l'autorise à représenter un meurtre, mais il se garde de tomber dans les outrances d'un mauvais imitateur de Shakespeare. On remarquera qu'il n'y a pas d'indications de cris ni de gestes pour l'acteur qui joue Alexandre.

Cette stylisation est d'autre part en parfait accord avec l'idée de meurtre telle qu'elle a hanté Lorenzo. Le jeune homme en effet n'est pas un violent par nature, ni un monstre assoiffé de sang. C'est un être cérébral, qui veut regagner l'estime de lui-même en procédant à un assassinat minutieusement préparé. Il aurait été contraire à la cohérence de son destin dramatique de le faire combattre sauvagement. Voilà pourquoi tout se passe ici avec une précision et une sorte d'abstraction quasi mathématique.

Traitement symbolique de la scène

Le symbolisme apparaît très nettement dans les mots que prononce Lorenzo pour répondre au duc : « Seigneur, n'en doutez pas » (l. 13). Cette formule est une belle trouvaille de Musset : prise à la lettre, elle fait penser à la formule de politesse que l'on prononce lorsqu'on veut assurer quelqu'un de son dévouement, et qu'on le prie de n'en pas douter. Dans le contexte, elle signale le sang-froid étonnant du meurtrier et son ironique cruauté : l'appellation « Seigneur », marque de respect, est plus que dérisoire. Cette réplique a également une profondeur symbolique ; il faut entendre : « Seigneur, ne doutez pas que ce Lorenzo meurtrier soit *le vrai* ». C'est donc, de la part de Lorenzo, une affirmation de soi jetée à la face d'Alexandre.

Quant à la réalité physique de la scène, elle est immédiatement portée sur le plan symbolique : la morsure au doigt que le duc a infligée à Lorenzo devient pour celui-ci « bague sanglante », « inestimable diamant » (l. 17-18). La métaphore ne manque pas d'une certaine emphase romantique. L'image de la bague renvoie à l'anneau nuptial, si l'on songe que Lorenzo attendait le jour du meurtre comme celui de ses « noces » (*cf.* acte II, scène 2), c'est-à-dire de la réconciliation avec lui-même.

4. LORENZO, OU L'EXTASE LYRIQUE

Sitôt le meurtre accompli, la réaction de Lorenzo est révélatrice de ce qu'a été le meurtre pour lui : le moyen de retrouver la paix et la joie intérieures. Ce n'est pas la réaction d'un tyrannicide qui saluerait l'avènement de la liberté du peuple. Voilà pourquoi Lorenzo, se détournant du cadavre, s'assied sur le rebord de la fenêtre (l. 21), et contemple la nuit. Il profère alors une suite d'exclamations lyriques par lesquelles il salue comme un poète la beauté de la nuit, la pureté de l'air (l. 22), le vent du soir (l. 26), l'éclosion des fleurs (l. 27). Les adjectifs employés (« beau », « pur », « doux », « magnifique ») trahissent l'émerveillement d'un Lorenzo qui paraît goûter pour la première fois l'harmonie et la douceur du monde, lui qui n'en voyait jusque-là que la laideur morale.

Il s'agit d'un moment d'extase où Lorenzo n'est plus, en pensée, dans la Florence hivernale, mais dans la nature printanière : il sent un vent « doux et embaumé », il contemple d'invisibles fleurs des prairies. D'une manière bien romantique, Musset a opposé à la cité politique, lieu de corruption, la nature, refuge de pureté, « éternel repos » (l. 28) pour le cœur de l'homme. Cette exaltation serait banale en elle-même si elle n'était le fait d'un Lorenzo entièrement nouveau pour le spectateur, un Lorenzo transfiguré par son meurtre.

L'étrangeté de l'exaltation qui saisit alors Lorenzo est particulièrement perceptible dans l'exclamation qu'il profère : « Ah ! Dieu de bonté ! quel moment ! ». Invoquer la bonté de Dieu aussitôt après avoir perpétré le crime est pour le moins surprenant. Il faut sans doute entendre que Lorenzo remercie Dieu de l'avoir réconcilié avec lui-même, de lui avoir enfin accordé la grâce de cesser de se mépriser. Mais il est surtout significatif que Lorenzo réagisse uniquement par rapport à lui-même, dans une sorte de rêve éveillé : le meurtre n'a pour lui de sens qu'en fonction de la libération intérieure qu'il a produite. Le meurtrier se situe, par-delà le bien et le mal, dans une minute hors du temps.

■■■■ CONCLUSION

La beauté de cette scène tient principalement à l'alliance de l'intensité tragique et du lyrisme poétique. Cette alliance est l'image même de la complexité du héros : le spectateur assiste à un meurtre perpétré par un Lorenzo glacial et, presque simultanément, à l'éclosion d'un nouvel être en ce même Lorenzo, un être de paix et d'harmonie. Musset réalise à la perfection le mélange des tons et des émotions qui caractérise le drame romantique.

10 Extrait de l'acte V, scène 6

PHILIPPE. – Votre gaieté est triste comme la nuit ; vous n'êtes pas changé, Lorenzo.

LORENZO. – Non, en vérité, je porte les mêmes habits, je marche toujours sur mes jambes, et je bâille avec ma bouche ; il n'y a de changé en moi qu'une misère – c'est que je suis plus creux et plus vide qu'une statue de fer-blanc.

PHILIPPE. – Partons ensemble ; redevenez un homme. Vous avez beaucoup fait, mais vous êtes jeune.

LORENZO. – Je suis plus vieux que le bisaïeul de Saturne – je vous en prie, venez faire un tour de promenade.

PHILIPPE. – Votre esprit se torture dans l'inaction ; c'est là votre malheur. Vous avez des travers, mon ami.

LORENZO. – J'en conviens ; que les républicains n'aient rien fait à Florence, c'est là un grand travers de ma part. Qu'une centaine de jeunes étudiants, braves et déterminés, se soient fait massacrer en vain, que Côme, un planteur de choux, ait été élu à l'unanimité – oh ! je l'avoue, je l'avoue, ce sont là des travers impardonnables, et qui me font le plus grand tort.

PHILIPPE. – Ne raisonnons point sur un événement qui n'est pas achevé. L'important est de sortir d'Italie ; vous n'avez point encore fini sur la terre.

LORENZO. – J'étais une machine à meurtre, mais à un meurtre seulement

PHILIPPE. – N'avez-vous pas été heureux autrement que par ce meurtre ? Quand vous ne devriez faire désormais qu'un honnête homme, pourquoi voudriez-vous mourir ?

LORENZO. – Je ne puis que vous répéter mes propres paroles : Philippe, j'ai été honnête. – Peut-être le redeviendrais-je, sans l'ennui qui me prend. – J'aime encore le vin et les femmes ; c'est assez, il est vrai, pour faire de moi un débauché, mais ce n'est pas assez pour me donner envie de l'être. Sortons, je vous en prie.

PHILIPPE. – Tu te feras tuer dans toutes ces promenades.

LORENZO. – Cela m'amuse de les voir.

LECTURE MÉTHODIQUE

INTRODUCTION

Nous voici à l'avant-dernière scène de la pièce : c'est la dernière où apparaît Lorenzo, ce qui en dit assez l'importance. Elle se situe à Venise, où Lorenzo a trouvé un refuge précaire, sa tête ayant été mise à prix dans toute l'Italie. À chaque instant, la mort le guette : elle arrivera à la fin de la scène.

Lorenzo dialogue avec le vieux Philippe Strozzi qui, écœuré par la politique florentine, s'est exilé à Venise. Nous commencerons par examiner les fonctions du personnage de Philippe dans le dialogue, et les valeurs qu'il incarne.

On observera ensuite que Lorenzo ne cesse ici de se définir par des qualifications qu'il s'applique à lui-même : l'étude de ces qualifications est une clé pour comprendre l'ultime étape de l'évolution du héros.

Troisième axe de lecture : l'analyse de la tonalité et des images, c'est-à-dire des procédés expressifs qui font toute la poésie amère de ce passage.

1. FONCTIONS ET SIGNIFICATION DU PERSONNAGE DE PHILIPPE

Fonctions du personnage

Il est possible de les déterminer en s'appuyant sur la simple observation grammaticale. En effet, les répliques de Philippe comportent trois types grammaticaux d'énoncés : affirmatifs, interrogatifs, impératifs.

• Les énoncés affirmatifs

On relèvera : « vous n'êtes pas changé, Lorenzo » (l. 1-2) ; « vous êtes jeune » (l. 9) ; « vous avez des travers, mon ami » (l. 14) ; « vous n'avez pas encore fini sur la terre » (l. 23-24). Ces affirmations tendent à *qualifier* Lorenzo et, dans les répliques que celui-ci leur oppose, immanquablement, il prend par la dérision ce que Philippe a soutenu. On voit immédiatement dans quelle fonction Musset a ici utilisé Philippe : permettre au héros de la pièce d'opposer sa complexité, son drame intérieur, aux affirmations sommaires qu'il énonce. Philippe, incarnation du bon sens, sert de faire-valoir à un Lorenzo original et imprévisible.

Il faut examiner avec soin la fonction de la dernière affirmation de Philippe : « Tu te feras tuer dans toutes ces promenades » (l. 37-38). Le passage au tutoiement souligne l'anxiété affectueuse de Philippe ; mais quand on lit la réplique de Lorenzo (« Cela m'amuse de les voir » : il parle de ceux qui s'apprêtent à le tuer), on comprend que l'affirmation de Philippe n'est là que pour permettre à Lorenzo de réagir et d'approfondir le sentiment d'indifférence à la vie. D'autre part, le propos de Philippe a une portée prophétique : Lorenzo va précisément être assassiné dans la minute qui suit. Musset a voulu que la voix de Philippe, le personnage le plus noble de la pièce, se confonde avec celle du Destin, et atteigne au tragique.

• Les énoncés interrogatifs

On en relève deux : « N'avez-vous pas été heureux [...] » (l. 27) ; « pourquoi voudriez-vous mourir ? » (l. 29-30). Le ton est celui de l'affection colorée d'inquiétude. Le tour interrogatif indique que Philippe sollicite de Lorenzo des confidences personnelles. D'ailleurs, dans sa réplique (l. 31 à 36), Lorenzo va quitter le ton de l'auto-dérision et s'ouvrir à Philippe.

Ici, Musset va donc utiliser Philippe, comme dans la scène 3 de l'acte III (*cf.* ci-dessus, p. 33 et 42), dans la fonction de confident bienveillant. Les questions que Musset fait poser à Philippe sont destinées à inciter directement Lorenzo à se dévoiler, en y répondant.

• Les énoncés impératifs

Ils sont représentés par : « Partons ensemble; redevenez un homme » (l. 8) ; « Ne raisonnons point sur un événement qui n'est pas achevé » (l. 22-23). On remarquera que la formule : « L'important est de sortir d'Italie » est plus proche de la valeur impérative que de la valeur affirmative. Le confident est donc aussi un conseiller : il est l'ami qui écoute, et aussi le substitut du père que Lorenzo a perdu autrefois. Père qui exhorte au courage et à la dignité, propose des solutions concrètes (quitter l'Italie), repousse les spéculations stériles (« Ne raisonnons point »). Il est très significatif que Lorenzo ne relève même pas ces propositions : rien ne leur fait écho dans les répliques qu'il prononce. Musset a fait de Philippe, jusqu'à la fin, l'homme de la parole généreuse (il se propose d'accompagner Lorenzo), mais inefficace.

Signification du personnage : les valeurs qu'il incarne

C'est ici la dernière scène de la pièce où le héros paraît : or, son dernier interlocuteur est Philippe. Musset montre par là que Philippe possède, dans la hiérarchie des personnages de la pièce, une stature morale importante.

Nous retrouvons ici l'optimisme quelque peu idéaliste qui fait le fond du personnage : la jeunesse de Lorenzo lui paraît un atout suffisant pour le faire émerger de sa crise intérieure (l. 8-9). Il incarne la foi en la volonté humaine, plus forte que l'épreuve, et qui peut aider Lorenzo à « redeven[ir] un homme » (l. 8). Musset a posé ici l'humanisme de Philippe comme contrepoids au fatalisme pessimiste de Lorenzo.

La valeur principale qu'il défend, c'est l'honnêteté : « Quand vous ne devriez faire [...] qu'un *honnête homme* [...] » (l. 28-29). Philippe propose à Lorenzo un nouvel idéal : une vie vertueuse et sans ambition supérieure (comme le marque la tournure restrictive « ne... que »). À cet égard, sa vision de la vie, centrée sur le mérite personnel, s'oppose à celle d'un Lorenzo, qui a besoin du regard des autres, et prétendait inscrire sa marque dans l'Histoire (*cf.* ci-dessus, p. 44).

Enfin, Musset a voulu que Philippe soit pour son propre compte l'incarnation du courage : souvenons-nous qu'il est âgé, qu'il a traversé une période de désespoir après la mort par empoisonnement de sa fille Louise (III, 7). Pourtant, c'est lui qui encourage Lorenzo à vivre, et se propose, alors qu'il n'a plus lui-même d'appui à Florence, de l'accompagner dans son exil. Musset n'a pas cantonné Philippe dans le rôle de l' « intellectuel » inefficace. Il a grandi le personnage à la fin de la pièce, en dégageant la noblesse qu'il manifeste dans l'épreuve.

2. LE DISCOURS DE LORENZO SUR LUI-MÊME

Musset a présenté ici l'ultime étape de l'évolution de Lorenzo. Pour l'analyser, il peut être fructueux de s'attacher à l'expression même : en effet, c'est par son discours, par les qualifications qu'il s'applique à lui-même, que Lorenzo est connu du spectateur.

Un être sans intériorité

Examinons l'affirmation de Lorenzo : « Je suis plus creux et plus vide qu'une statue de fer-blanc » (l. 6-7). Il s'agit d'une comparaison, implicite dans la tournure au comparatif « plus... que » ; « je » est le comparé, « statue » le comparant, et l'insistance porte sur les adjectifs « creux » et « vide ». Analysons donc d'abord ces qualificatifs. Il est évident qu'ils s'appliquent à l'état psychologique de Lorenzo (sens figuré). Ils se renforcent, étant presque synonymes, pour exprimer l'absence de vie intérieure.

L'image de la « statue de fer-blanc » suggère à la fois l'absence de vie (statue = objet inanimé) et le peu de valeur que Lorenzo s'accorde à lui-même : le fer-blanc est le plus commun des métaux, il est faussement solide. Ce nouveau Lorenzo se sent comme un être de « toc ». Donc, tout nous indique que le héros est étranger à lui-même : au lieu que le meurtre l'assure de son identité et le régénère comme il le rêvait, il lui a soustrait toute intériorité et tout sentiment du Moi.

Un être sans avenir

Examinons encore une affirmation de Lorenzo, qui se présente aussi comme une comparaison implicite : « Je suis plus vieux que le bisaïeul de Saturne » (l. 9-10). Ce bisaïeul (= arrière-grand-père) de Saturne n'apparaît pas dans la mythologie gréco-romaine, mais Saturne lui-même y est représenté comme le vieillard par excellence, vieux d'un âge non chiffrable. Musset, non sans humour, a donc imaginé un bisaïeul de fantaisie, plus vieux encore que le vieux Saturne[1] !

L'expression indique que Lorenzo a le sentiment d'avoir épuisé son temps de vie. Musset lui a attribué ce sentiment, typiquement romantique, d'être, quoique jeune, intérieurement vieux et sans avenir. Dans sa *Confession d'un enfant du siècle* (première partie), Musset a peint, à travers son propre cas, le pessimisme amer des jeunes gens de 1820 qui estiment leur avenir personnel compromis et l'action politique vaine. Lorenzo apparaît nettement ici comme le symbole vivant de cette génération désenchantée.

Un être sans volonté propre

« J'étais une machine à meurtre, mais à un meurtre seulement », s'écrit Lorenzo (l. 25-26). Nous commenterons en troisième partie la force de cette étonnante image.

---

[1]. Peut-être le nom de Saturne fait-il allusion à la planète de même appellation ; or, astrologiquement, Saturne est source d'influences mauvaises (dépression, dépréciation de soi). Lorenzo se sent peut-être ici victime d'une fatalité « saturnienne ».

Observons pour l'instant que le mot « machine » dégage l'idée d'action totalement indépendante de la volonté. Le correctif qu'ajoute Lorenzo (« mais à *un* meurtre seulement ») est riche de suggestions : Lorenzo veut dire qu'il n'y a pas constamment en lui de tentation meurtrière, mais qu'il n'a été qu'un rouage utile à un point précis de la mécanique de l'Histoire. Une fois ce meurtre accompli, il est naturel que la volonté propre de Lorenzo, polarisée jusque-là sur l'action, ne parvienne plus à trouver de point d'application.

Ajoutons que cette image ouvre des abîmes d'interrogations sur le « cas Lorenzo » : quelle est cette puissance, inconnue du héros lui-même, qui le guidait et faisait de lui une « machine » ? Est-il alors pleinement responsable du meurtre ? Toute la richesse du personnage réside dans ces perspectives mystérieuses qu'il offre à notre réflexion.

Un être sans désir

Relisons la réplique de Lorenzo (l. 31-36). Le héros y discerne avec lucidité l'obstacle intérieur qui l'empêchera toujours de revenir à une vie honnête : c'est « l'ennui ». Celui-ci, comme l'indique la tournure grammaticale (« l'ennui qui *me prend* »), fait du Moi de Lorenzo l'objet passif d'un état sur lequel il n'a pas prise.

Un peu plus bas, Lorenzo se définit par l'absence en lui de toute « envie » d'être un débauché : c'est signaler qu'il n'a plus le même désir de transgresser la morale et de jouir du libertinage. S'il « aime encore le vin et les femmes » (l. 34), c'est donc par habitude machinale de la débauche. Nous retrouvons une tournure grammaticale qui exprime la passivité : « c'est assez [...] pour *faire de moi* un débauché » (l. 35).

Tout ceci appelle deux observations :
– « L'ennui » qui paralyse l'être à ce point est un ennui métaphysique, équivalent au sentiment que l'existence n'a ni sens ni prix. Musset a, par avance, affecté Lorenzo de ce qui sera le « spleen » baudelairien, forme exacerbée de la mélancolie romantique.
– L'écrivain a admirablement suggéré un sentiment très complexe avec des mots très simples, et à l'aide d'une simple antithèse : « *assez* [...] *pour faire* de moi un débau-

ché [...] *pas assez* pour me donner *envie* de l'être ». L'expression dit avec économie et efficacité un Lorenzo prisonnier de son passé, de ses vices, et incapable d' « être » (au sens fort) ce que la vie a « fait » de lui.

▰▰▰ 3. TONALITÉ ET IMAGES

Une tonalité : la « gaieté triste »

« Votre gaieté est triste comme la nuit ». Philippe fait ici allusion à la réplique précédente de Lorenzo, où celui-ci a plaisanté en soutenant qu'après sa mort, Dieu lui-même mettrait sa tête à prix ! L'alliance de mots « gaieté/triste » définit bien le ton d'auto-dérision, plaisant en apparence, désespéré au fond, qu'emploie Lorenzo.

Nous en trouvons une illustration immédiate dans la réponse que fait Lorenzo à Philippe, qui lui affirme : « Vous n'êtes pas changé » (l. 1-2). Le jeune homme affecte d'approuver son interlocuteur, mais il tourne en dérision le propos de Philippe, en faisant mine de l'entendre au sens propre (il n'est pas changé, puisqu'il a toujours les mêmes habits et la même bouche, l. 3-5). La plaisanterie n'est là que pour préparer le contraste avec la tragique constatation qui suit : intérieurement, Lorenzo n'est plus rien. On voit bien que, plus que d'ironie à l'égard de Philippe, c'est d'humour triste qu'il faut parler : triste, parce que Lorenzo en fait le masque pudique de son désespoir.

Nous trouvons un exemple similaire dans la longue réplique centrale de Lorenzo (l. 15-21). Là encore, Lorenzo feint d'approuver Philippe qui lui reproche ses « travers » (= défauts légers) ; il feint aussi de mettre sur le compte de ces « travers », l'échec de la révolution florentine. Sous l'ironie qui paraît persifler le bon Philippe, perce la dérision amère de Lorenzo à l'égard de sa propre action : l'assassinat d'Alexandre n'a rien changé à la politique florentine. Musset, dans cette tirade, fait admirablement sentir le désenchantement d'un héros qui n'a rien perdu de l'ironie spirituelle que nous lui connaissons depuis l'acte I (*cf.* ci-dessus, p. 9). Et l'on imagine volontiers l'acteur scandant ici son propos d'un rire nerveux et grinçant.

La puissante suggestion des images

Musset a semé le discours de Lorenzo d'images frappantes. Il a fait de Lorenzo non seulement un ironiste, mais un poète du désespoir.

Soit l'expression : « J'étais une machine à meurtre » (l. 25). Elle est enveloppée d'une inquiétante étrangeté ; elle côtoie le fantastique, parce que l'humain et le mécanique s'y confondent. Elle suggère un arrière-plan mystérieux de la destinée du héros, mené par une main invisible.

Relevons aussi cette phrase : « Je suis plus creux et plus vide qu'une statue de fer-blanc » (l. 6-7). La puissance de l'image tient à ce qu'elle rend concret, visuel, un sentiment intime de vide et de dépréciation. Notons aussi combien Musset, poète, ne s'embarrasse pas d'un réalisme étroit : dans la réalité, il n'existe guère de statue de fer-blanc ! En fait, l'image de la statue a surtout pour fonction de créer un écho ironique aux rêves de Lorenzo, tels qu'il les a exprimés à la scène 3 de l'acte III : il voulait devenir un personnage historique. Or, les idées de gloire et de statue sont pour nous liées. Lorenzo n'obtient finalement qu'une contre-image de la statue honorifique.

▰▰▰▰ CONCLUSION

On peut, pour conclure, refléchir sur la cohérence supérieure que Musset a assurée au caractère de son héros. Nous savons que Lorenzo a toujours été hanté par l'idée qu'il était un être double, et que cette hantise est allée jusqu'à l'hallucination (*cf.* ci-dessus, p. 43). Ici, nous assistons à l'aboutissement de ce mal-être ; la conscience présente du personnage se désolidarise de son acte passé. Lorenzo attendait du meurtre la réunification de son être (*cf.* ci-dessus, p. 42), et voici qu'apparaissent deux Lorenzo : un Lorenzo-conscience, qui juge et méprise un Lorenzo-machine. En son achèvement, le drame de Musset manifeste bien son thème essentiel : la vaine et tragique quête de son identité menée par Lorenzo.

PROFIL LITTÉRATURE

PROFIL D'UNE ŒUVRE

(suite)
- 109 **Racine**, Britannicus
- 189 **Racine**, Iphigénie
- 39 **Racine**, Phèdre
- 55 **Rimbaud**, Poésies
- 82 **Rousseau**, Les confessions
- 61 **Rousseau**, Rêveries du promeneur solitaire
- 31 **Sartre**, Huis clos
- 194 **Sartre**, Les mots
- 18 **Sartre**, La nausée
- 170 **Shakespeare**, Hamlet
- 169 **Sophocle**, Œdipe-roi
- 44 **Stendhal**, La chartreuse de Parme
- 20 **Stendhal**, Le rouge et le noir
- 86 **Tournier**, Vendredi ou les limbes du Pacifique
- 148 **Vallès**, L'enfant
- 79 **Verlaine**, Poésies
- 45/46 **Vian**, L'écume des jours
- 34 **Voltaire**, Candide
- 113 **Voltaire**, L'ingénu
- 188 **Voltaire**, Zadig et Micromégas
- 35 **Zola**, l'assommoir
- 77 **Zola**, Au bonheur des dames
- 100 **Zola**, La bête humaine
- 8 **Zola**, Germinal

PROFIL CASSETTE

- 601 **Stendhal**, Le rouge et le noir
- 602 **Balzac**, Le père Goriot
- 603 **Voltaire**, Candide
- 604 **Baudelaire**, Les fleurs du mal
- 605 **Molière**, Dom Juan
- 606 **Racine**, Phèdre

TEXTES EXPLIQUÉS

- 160 **Apollinaire**, Alcools
- 131 **Balzac**, Le père Goriot
- 141/142 **Baudelaire**, Les fleurs du mal/ Le spleen de Paris
- 135 **Camus**, L'étranger
- 159 **Camus**, La peste
- 143 **Flaubert**, L'éducation sentimentale
- 108 **Flaubert**, Madame Bovary
- 110 **Molière**, Dom Juan
- 166 **Musset**, Lorenzaccio
- 161 **Racine**, Phèdre
- 107 **Stendhal**, Le rouge et le noir
- 104 **Voltaire**, Candide
- 136 **Zola**, Germinal

HISTOIRE LITTÉRAIRE

- 114/115 50 romans clés de la littérature française
- 119 Histoire de la littérature en France au XVIe siècle
- 120 Histoire de la littérature en France au XVIIe siècle
- 139/140 Histoire de la littérature en France au XVIIIe siècle
- 123/124 Histoire de la littérature et des idées en France au XIXe siècle
- 125/126 Histoire de la littérature et des idées en France au XXe siècle
- 128/129 Mémento de littérature française
- 151/152 Le théâtre, problématiques essentielles
- 174 25 pièces de théâtre de la littérature française
- 179/180 La tragédie racinienne
- 181/182 Le conte philosophique voltairien
- 183/184 Le roman d'apprentissage au XIXe siècle
- 197/198 Les romans de Malraux, problématiques essentielles
- 201/202 Le drame romantique

ORAL DE FRANÇAIS

- **12 sujets corrigés**
- 167 **Baudelaire**, Les fleurs du mal
- 168 **Molière**, Dom Juan
- 175 **Flaubert**, Madame Bovary
- 176 **Voltaire**, Candide

- **Groupement de textes**
- 94 La nature : Rousseau et les romantiques
- 95 La fuite du temps
- 97 Voyage et exotisme au XIXe siècle
- 98 La critique de la société au XVIIIe siècle
- 106 La rencontre dans l'univers romanesque
- 111 L'autobiographie
- 130 Le héros romantique
- 137 Les débuts de roman
- 155 La critique de la guerre
- 162 Paris dans le roman au XIXe siècle

Imprimé en France par l'Imprimerie Hérissey à Évreux (Eure)
Dépôt légal : 15632-octobre 1996 – N° d'impression : 74625